Inhaltsverzeichnis

Wolfgang Schulte

Piranhas

Wissenswertes über Biologie,
Ökologie, Verhalten, Pflege, Zucht
und verschiedene Arten

20 Farbfotos auf Tafeln,
23 Abbildungen im Text

Albrecht Philler Verlag Minden

Bildnachweis

Umschlagbild: Schwärzlicher Piranha *(Serrasalmus nigricans)* im Aquarium
Farbfoto: Verfasser

Farbfoto 1: U. Kluckner, Zoo Duisburg
Sämtliche Farbfotos und Fischzeichnungen: Verfasser
Kartographie: Adolf Böhm
Abb. 23: Aus der Broschüre „Danmarks Akvarium"

© Albrecht Philler Verlag GmbH, 4950 Minden, 1982, 1984
Satz und Druck: Albrecht Philler Verlag, Minden
Bindearbeiten: Heinrich Altvater KG, Minden-Todtenhausen
ISBN 3 7907 0080 0

Vorwort

Außer den Haien, die als primitiver gebaute Knorpelfische seit Jahrmillionen nahezu unverändert die Gewässer unseres Planeten durchqueren, haben es nur wenige andere Wasserbewohner zu einem so zweifelhaften Ruf gebracht wie die Sägesalmlergattung der Piranhas.

Tauchten die Piranhas früher nur in Mythen und Riten einiger südamerikanischer Indiostämme auf, so erlangten sie nach der Entdeckung der „Neuen Welt" durch die Europäer relativ schnell ihr bis heute anhaltendes, jedoch fragwürdiges „Mörderfisch-Image". In fast keinem Reise- oder Abenteuerbericht aus Südamerika durfte fortan die Erwähnung der „kleinen Wasserbestien" oder gar Schilderung des Zerreißens von Mensch und Tier durch hungrige Piranhasschwärme fehlen. Und wer von uns könnte sich heute völlig davon freisprechen, allein mit dem bloßen Namen „Piranha" verschiedene, schon fast im Unterbewußtsein festsitzende Schauergeschichten zu verknüpfen?

Dies mag zum großen Teil an der Tatsache liegen, daß die vorhandene Literatur überraschend dürftig ist, bzw. den wenigen wissenschaftlich befriedigenden Arbeiten ein Übermaß an reißerisch-emotionsgeladenen Reise- und Abenteuerberichten, Zeitungsartikeln, Filmen und sogar Lexikadefinitionen gegenübersteht. Oft wurden Dichtung und Wahrheit zu einem schwer entwirrbaren Netz verknüpft. Wesentliches fiel dabei meist unter den Tisch der Sensationsberichterstattung.

Fast scheint es, daß auch am Beispiel der Piranhas wieder jener zweifelhafte Eifer erkennbar wird, mit dem Menschen schon seit den Urzeiten daran gehen, Kreaturen, von denen eine nicht unbedingt kontrollierbare Gefahr auszugehen scheint, durch Schauergeschichten zu verteufeln oder sie möglichst gründlich bis hin zur Ausrottung zu verfolgen.

Heutzutage begegnen uns Piranhas außerhalb ihres natürlichen Lebensraumes in zahlreichen zoologischen Schauaquarien. Sie werden jedoch auch immer häufiger als junge Wildfänge im Zoofachhandel angeboten und finden so den Weg in unsere Wohnzimmeraquarien. Je intensiver man sich dann mit den Sägesalmlern auseinandersetzt, desto nachdenklicher stimmt zwangsläufig das verzerrende Horrorbild, das allgemein von ihnen gezeichnet wird.

Es wäre naiv, hier behaupten zu wollen, Piranhas seien völlig ungefährlich. Doch es ist zweifellos an der Zeit, eine Tiergattung aus der „Monsterecke" zu holen.

Wohl erstmalig legt der Verfasser hier eine Dokumentation der Öffentlichkeit vor, die sich bemüht, in einer Gesamtbetrachtung sowohl eine biologisch-ökologische Beschreibung von Fisch und Lebensraum, als auch eine historisch-literarische Bestandsaufnahme der bisherigen Piranha-Literatur zu geben. Ferner soll auf die verschiedenen, bisher wissenschaftlich beschriebenen Piranha-Arten, sowie auf Fang, Haltung und Zucht eingegangen werden. Das Buch wendet sich an den naturwissenschaftlich-zoologisch Interessierten, an Aquarianer und Sportangler. Darüber hinaus möchte der Verfasser durch Information mithelfen, das in der Öffentlichkeit stark verzerrte Bild der Piranhas wenigstens etwas zu korrigieren.

Mein spezieller Dank gilt an dieser Stelle meinen lieben Freunden und Venezuela-Expeditionskameraden, dem angehenden Mediziner Derk Krieger und dem Dipl.-Ing. Norbert Trost.

Für die kritische Durchsicht bzw. ergänzende Ideen danke ich stud. med. Alexander Kozik, Dipl.-Phys. Hajo Schlemmer sowie in besonderem Maße Werner Schulte.

Für die Übersendung von wissenschaftlichem Material, für wertvolle Informationen und Anregungen möchte ich Herrn Dr. J. Géry, Herrn Dr. W. Gewalt, Herrn R. Honegger, Herrn Dr. K.H. Lüling, Herrn H.J. Mayland und Herrn Prof. Dr. Mago-Leccia meinen Dank aussprechen.

Für ergänzende Informationen hinsichtlich der Haltung von Piranhas in zoologischen Schaubecken danke ich darüber hinaus Herrn Dr. R. Faust (Frankfurt), Herrn Dr. Hagenbeck (Hamburg), Herrn L. Heck (München), Herrn H. Jes (Köln), Herrn Koslat (Wuppertal), Herrn J. Lange (Berlin), Herrn R. Podloucky (Stuttgart), Herrn U. Kluckner und Herrn P. Schulz (Duisburg) sowie Herrn G. Singel (Essen) und Frau G. Sommer (Bochum). Für viele Anregungen sowie für die Über-setzung französischer und südamerikanischer Quellen danke ich abschließend ganz besonders meiner Frau Sabine.

Frühjahr 1982, 1984   Wolfgang Schulte

Historisch-Literarischer Rückblick —
Gefährlichkeit

Nach der Entdeckung des südamerikanischen Kontinentes 1498 durch Kolumbus dauerte es nicht lange, bis zahlreiche Konquistadoren die „Neue Welt" auf der Suche nach dem vermeintlichen Goldland „el Dorado" bis in lebensfeindlichste Urwaldgebiete durchkämmten.

Die um 1533 mit dem spanischen General Pizarro von Peru aus ins Amazonasgebiet aufgebrochenen Eroberer waren die ersten Europäer, die jene „kleinen, fleischfressenden, blaugrünschimmernden Raubfische" zu Gesicht bekamen. Ein Mönch beschrieb, wie die bei einem Angriff von Musketen- und Kanonenkugeln getroffenen Indianer aus ihren Kanus in den Fluß stürzten und von den massenhaft auftretenden Raubfischen sofort regelrecht skelettiert wurden.

Auch Alexander von Humboldt bekam auf seinen Reisen durch Venezuela mit den Piranhas Kontakt und schrieb am 3. April 1800 in sein Reisetagebuch:

Bei San Fernando auf dem Rio Apure. Am Morgen fingen unsere Indianer mit der Angel den Fisch, der hierzulande Karibe oder Caribito heißt. Er fällt die Menschen beim Baden an und reißt ihnen oft ansehnliche Stücke Fleisch ab. Ist man anfangs auch nur unbedeutend verletzt, so kommt man doch nur schwer aus dem Wasser, ohne die schlimmsten Wunden davonzutragen. Gießt man ein paar Tropfen Blut ins Wasser, so kommen sie zu Tausenden herauf...

Bei dem deutschen Forschungsreisenden Carl Ferdinand Appun klingt der Tagebuchauszug jedoch schon weniger dramatisch:

30. März 1859: Im Begriffe ein Bad zu nehmen, hatte ich kaum meinen Körper in dem lauwarmen Wasser des Inamara (Fluß in Guayana, Anmerk. d. Verf.) untergetaucht, als ich im Nu wieder daraus emporschnellte und ans Ufer retirierte, da ich den Biß eines Piranhas an meinem Schenkel, da, wo ich eine durch Mosquitos zerstochene und von mir blutig gekratzte Stelle hatte, verspührte. Diese Fische, eine der schlimmsten Plagen der Gewässer, verbieten dem Menschen das in diesem Klima, und ganz vorzüglich auf Reisen, so wohlthuende und nöthige Baden des Körpers, das durch eine Abwaschung am Flußufer nur ungenügend vertreten wird...

Die Piranha-Angriffslust wurde und wird von den verschiedensten Autoren in immer wieder neuen, meist weit drastischeren Variationen gerne aufgegriffen. Ein stark überstrapaziertes und übertriebenes Bild ist so z. B. das kranke Rind, was bei jeder Flußüberquerung geopfert werden muß, um die Piranhas von der Herde abzulenken. Schon allein die große Zahl der Flüsse und die Armut der Hirten sprechen gegen derartige Aktionen.

Bei den folgenden Auszügen aus dem Buch von STREET wird der Leser bemerken, daß auch Wissenschaftler beim Thema „Piranhas" nicht mit Emotionen sparen, ohne zu erkennen, daß sie sich damit vor der Natur zum vollendeten Narren machen:

„Der Menschenhai und der Barracuda sind furchterregende Geschöpfe, aber an rasender Wildheit und Gefährlichkeit für den Menschen kommt nichts, was im Meere schwimmt, einem kleinen, in den Flüssen Südamerikas lebenden Fisch gleich. Das ist der Piranha. Er steht mit Recht im Rufe eines Menschenfressers, obgleich seine Länge selten 17,5 cm übersteigt, und 25 Zentimeter bilden einen Rekord.

Der Tod durch den Haifisch oder den Barracuda ist meist rasch und, verglichen mit dem Tode durch den Piranha, geradezu gnädig zu nennen. Jeder Mensch und jedes Tier, denen das Unglück widerfährt, an einer von diesem blutdürstigen Fisch heimgesuchten Stelle in einen Fluß zu fallen, wird buchstäblich bei lebendigem Leibe aufgefressen, Hunderte erscheinen aus dem Nichts, und das Fleisch des Opfers wird in Zehntausenden kleiner Bisse abgefressen, bis nichts übrigbleibt als das nackte Skelett. Das grausige Werk ist kurz. Bei einer neueren Untersuchung wurde der Kadaver eines Schweines von 400 Pfund in einen Fluß herabgelassen, von dem man wußte, daß er von Piranhas wimmelte. Nach zehn Minuten waren nur noch die Knochen übrig.

So klein er ist, besitzt der Piranha ein unglaublich scharfes Gebiß, mit dem er einen Finger samt Knochen auf einmal glatt durchbeißen kann. Gewöhnlich ist der Piranha ein geruhsamer Fisch, doch das Erscheinen eines Opfers scheint ihn in eine Art von Raserei zu versetzen, und es ist nicht der Hunger allein, der ihn treibt. Lange nachdem sie sich sattgefressen haben, fahren sie mit ihren wütenden Angriffen fort, bis auch nicht das geringste bißchen Fleisch mehr übrig ist; die Abfälle häufen sich am Boden des Flusses, bis die Strömung sie wegschwemmt. Kein Lebewesen entgeht ihrer Aufmerksamkeit, auch keines der eigenen Gattung, und es ist unmöglich, mehr als einen von ihnen in einem Aquarium zu halten."

Dieser Stil gibt zu denken! Und man fragt sich, was beim Thema „Piranha" wohl in so manchen, sonst eher kühl-rationalen Wissenschaftler gefahren sein mag?!

Nicht nur in wissenschaftlichen, sondern auch in eher populärwissenschaftlichen Werken verfällt man beim Piranha-Thema bisweilen in den Stil schlechter Sensationspresse. Und dies ist deshalb noch weit bedenklicher, weil der hier angesprochene Leser in der Regel meist nicht in der Lage ist, das Geschriebene inhaltlich kritisch zu überprüfen. Gerade hier sollte und müßte sich jeder Autor des meinungsbildenden „Multiplikator-Effektes" seiner Veröffentlichung bewußt sein und sich um so mehr um eine wissenschaftlich saubere Darstellung bemühen.

Auch die Boulevardpresse greift sie sensationlüstern immer wieder gerne auf, die „Gruselgeschichte vom blutgierigsten Fisch der Welt". Auf breitester Ebene wird so bei der Leserschaft nach und nach das „richtige Piranha-Verständnis" unter die Haut geimpft.

Den vorläufigen Höhepunkt in der Schauerberichterstattung bildete aber zweifellos der 1978/79 durch bundesdeutsche Filmtheater geflimmerte Streifen: „Piranhas – was übrig bleibt, sind Knochen".

Weitere, in der Werbung für den Film benutzte Unterzeilen lauteten:
– Die Mörderfische sind da!
– Haie kommen einzeln, Piranhas kommen zu Tausenden!
– Piranhas, Fische haben Blut geleckt!
– Piranhas, . . . und bei lebendigem Leibe wirst du von ihnen aufgefressen!
– Piranhas, sie reißen, bohren, beißen, bis nur noch Knochen übrig sind!
– Panik erfaßt die Menschen, wenn die Mörderfische kommen!

Der gesamte Film wurde gespickt mit billigen Horroreffekten (Schreien, Blutwolken, zähnestarrende Plastikpiranhas) und haarsträubende Unwahrheiten. Er kann deshalb bestenfalls als schlecht gemachter „Science-fiction-Monsterfilm" angesprochen werden.

„Dracula und Frankenstein sind tot – es lebe der Weiße Hai, die Killerbiene, Mörderspinne und der Piranha" – scheint das neue Motto zu lauten.

Letztgenannte Reihe ließe sich noch beliebig fortsetzen. Laufend werden neue Monster mit realem Bezug produziert, Tiere in grotesken Zerrbildern gezeichnet, Verhaltensweisen extrem überzeichnet. Die Maßgabe allen Denkens scheint dabei zu sein: Hauptsache, die Kasse stimmt!

In Wahrheit liegen nur in ganz wenigen Fällen verbriefte Belege für Piranha-Angriffe auf Menschen mit Todesfolge vor.

Der verstorbene Harald SCHULTZ, ehemals Indologe am Völkerkundemuseum von Sao Paulo und gleichzeitig einer der besten Kenner der Indianer und Natur Amazoniens, lernte in den zwanzig Jahren, die er sich in Südamerika aufgehalten hatte, nur sieben Personen kennen, die von Piranhas angegriffen worden waren. Bis auf einen von ihnen war dabei keiner schwer oder ernstlich verletzt worden.

Mit großer Sorglosigkeit schwimmen und baden tagtäglich viele Bewohner piranha-gefährdeter Gebiete in den Flüssen und Seen. Meist sind gerade die indianischen Eingeborenen so sehr mit der Natur vertraut, daß sie genau wissen, wo und wann das Baden gefährlich oder ungefährlich ist. Bei Ciudad Bolivar fahren die wenigen, die es sich leisten können, auf dem sich hier bis auf drei Kilometer verengenden Orinokostrom sogar Wasserski.

Meiner Ansicht nach sind so manche „Piranha-Opfer" in Wahrheit erst nach dem weniger spektakulären Ertrinkungstod von den Fischen angefallen oder gar skelettiert worden.

Als wir weite Gebiete Venezuelas im März/April und damit am Ende der Trockenzeit bereisten, waren viele Bereiche ausgedörrt, kleine Flüsse zu Rinnsalen und Lagunas (größere Teiche) zu Schlammtümpeln geworden. Es leuchtet ein, daß die dann oft auf sehr kleinem Raum unter größter Nahrungsknappheit eingeschlossenen Piranhas äußerst aggressiv sind.

In der Regenzeit dagegen, wenn die Flüsse bis August teils um zwölf Meter ansteigen (Rio Apure!), sich Flußtäler in weite Überschwemmungslandschaften verwandeln, sind die vorher dicht zusammengedrängten Piranha-Schwärme auf einen einzigen riesigen Wasserkörper verteilt. Nun herrscht auch keine

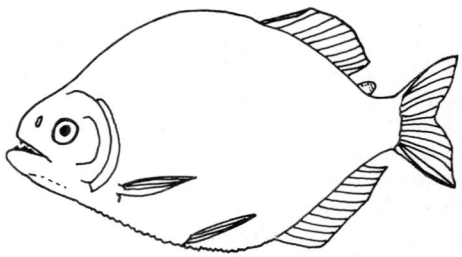

Abb. 1   Eine der frühesten Piranha-Darstellungen, nach einer Handzeichnung von Alexander von Humboldt (1800)

Nahrungsknappheit mehr. Überall sieht man sogar fröhlich badende Kinder in den vorher ängstlich gemiedenen Gewässern.

Es wäre naiv, behaupten zu wollen, Piranhas seien völlig ungefährlich. Doch ist es zweifellos an der Zeit, diese Tiergattung aus der „Monsterecke" zu holen.

In Verbindung mit allen abenteuerlich-nervenkitzelnden Abhandlungen hält man es besser mit dem schon erwähnten Südamerika-Kenner Harald SCHULTZ, der sich über die Greuelmärchen von der Piranha-Gefährlichkeit in einer zynischen Anekdote lustig machte:

„Als mein Vater fünfzehn Jahre alt war, floh er vor angreifenden Indianern in einem kleinen, wackligen Kanu. Das Boot schlug um, und er mußte schwimmend seine Flucht fortsetzen. Als er aber das Ufer erreichte, konnte er nur noch als Skelett aus dem Wasser klettern. Später ist ihm derartiges nie mehr passiert. . ."!

Piranhas als harmlose Friedfische charakterisieren zu wollen, muß als ebenso naiv und gefährlich angesehen werden, wie Piranhas durch Horrorgeschichten als Monster hochzustilisieren. Wie so oft liegt auch hier die Wahrheit in der häufig zitierten „goldenen Mitte". Viel zu viele Faktoren können bei einem Piranha-Angriff eine meist nicht direkt erkennbare Rolle spielen. Neben der schon erwähnten Abhängigkeit des Angriffsverhaltens von den Jahreszeiten und den sich mit ihnen vollziehenden Änderungen des Wasserstandes, des Gesamtnahrungsangebotes im Gewässer, oder der Laichzeiten, scheinen auch noch weitere, mit dem Wasser-Chemismus zusammenhängende, Faktoren oder Faktorenkomplexe eine Rolle zu spielen.

Angriffe kamen vor, kommen vor und werden auch in Zukunft vorkommen, und niemand wird in der Lage sein, dafür sichere Vorhersagen treffen zu können. Übertriebene Panikmache ist jedoch absolut fehl am Platze.

Piranhas in Mythen, Riten und im täglichen Leben südamerikanischer Indianer

Alexander v. Humboldt berichtet von einem besonderen Brauch in dem oft überschwemmten Wald- und Feuchtsavannengebiet des Orinoko. In diesen Gebieten, in denen während vieler Monate des Jahres wegen des Hochwassers eine Erdbestattung der Verstorbenen nicht möglich ist, spielen gerade die Karibenfische (Piranhas) eine kultisch-mythische Totengräberrolle.

Die Indianer (z. B. Guaranos) legen dabei ihre Toten, eingeschnürt in grobmaschigen Netzen, ins Wasser und lassen die Leichen von den hier zahlreich vorkommenden Piranhas zur eigentlichen Bestattung „vorbereiten". Sind die Knochen von den Piranhas entfleischt, werden die Netze aus dem Wasser genommen. Danach werden die Skelette getrocknet, bisweilen mit dem roten Saft der Onoto-Pflanze *(Bixa orellana)* gefärbt und mit allerlei Federn geschmückt, um schließlich auf einem hochgelegenen Begräbnisplatz oder im Giebel einer Pfahlhütte ihren Ehrenplatz zu finden.

Aber nicht nur im Leben der Indianerstämme des Orinokoraumes spielen die Piranhas eine Rolle. Zahlreiche Autoren berichten unabhängig voneinander, daß auch bei den Indiostämmen des Amazonasgebietes die Piranhas, bzw. ihre Kiefer sowohl im normalen täglichen Gebrauch, als auch im Ritus seit Jahrtausenden auf verschiedene Art und Weise einen festen Platz im Leben dieser Naturvölker eingenommen haben und zum Teil heute noch einnehmen.

Die Tucuna-Indianer und auch die Auetö des Schingu-Quellgebietes schmücken ihre Tanzmasken mit Piranhagebissen. Einige Holzmasken mit geflochtenen Bastärmeln der Auetö werden nach SCHMIDT (1905) mit einem speziellen Pangai-(Piranha-) Muster bemalt. Dieses Muster soll die scharfen und spitzen Zahnreihen der Piranhas symbolisieren. Der genaue

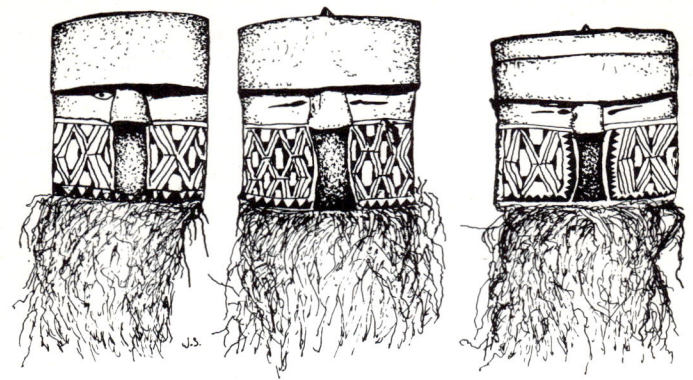

Abb. 2 Tanzmasken mit „Piranha-Muster" (Zahnreihen), der Auetö-Indianer (nach Schmidt, 1905)

Kultzweck dieser Pangai-Masken ist jedoch nicht genau bekannt (vgl. Abb. 2).

Beim Stamm der Bakairi fand SCHMIDT auf seiner Reise von 1900 bis 1901 eine große Anzahl von bemalten Holzfischen vor, die als Tanzschmuck von den Indianern auf dem Kopf getragen wurden (vgl. Abb. 3). Der durch den Bauch gezogene Stock diente dabei zur Befestigung dieser Fischnachbildungen an einem zusätzlichen Kopfgestell, das mit geflochtenen Reifen am Kopf des Tänzers befestigt wurde. Die Holzfische wurden von den Indianern als Nachbildungen des Piranha, teilweise vielleicht auch des Pacu-Salmlers, angefertigt. Auch bei ihnen ist die genaue kultische Bedeutung leider bis heute unbekannt geblieben. Es ist aber anzunehmen, daß beim Tanz mit dem Holzkörper zum Beispiel ein erfolgreicher Fischfang beschworen oder auch gefeiert wurde.

Abgesehen von dieser symbolhaft-kultischen Existenz der Piranhas im Volksleben der südamerikanischen Indianer hat der Piranhakiefer aber gerade im alltäglichen Leben der primitiven Indios als praktischer Gebrauchsgegenstand und als Werkzeug

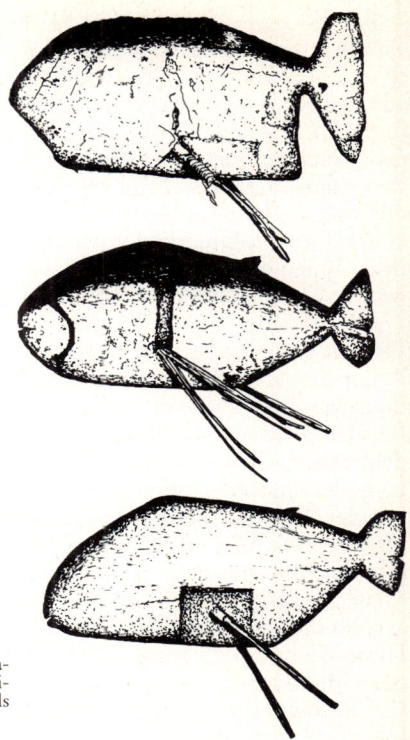

Abb. 3 Holzfische (Piranha-Nachbildungen), die den Bakairi-Indios, auf dem Kopf getragen, als Tanzschmuck dienten.

seinen Platz. Vor allem der herauspräparierte Unterkiefer dient mit seinen scharfen Zähnen zum Abrasieren des Kopfhaares, zum Anspitzen der dünnen Blasrohrpfeile und zum Abschneiden von allerlei Dingen. Noch heute wird bei vielen Indianerstämmen Brasiliens die eingeführte europäische Schere als „Piranha" bezeichnet, da sie in ihrer Funktion das natürliche Werkzeug weitgehend ersetzte.

Bei Indianern, die zur Jagd Blasrohre verwenden, spielt der Piranhakiefer noch eine weitere interessante Rolle. Ist eine Beute in Schußweite (bis 30 Meter!), wird der streichholzdünne, aus der Rippe eines trockenen Palmblattes geschnittene Pfeil (indianisch: Tsenac) vorsichtig aus dem Bambusköcher gezogen. Nachdem der Jäger das stumpfe Ende des etwa 30 Zentimeter langen „Tsenac" mit etwas Baumwolle (Kapok) zur Abdichtung im Lauf und Flugstabilisierung umwickelt hat, nimmt er den Piranha-Unterkiefer vom Gürtel. Mit den scharfen kleinen Zähnen des Piranhagebisses wird das Holz hinter der braunen, in Curare-Gift getauchten Pfeilspitze tief eingekerbt.

Die Indianer gewinnen das berüchtigte, muskellähmende Pfeilgift vor allem aus der Rinde zahlreicher giftiger Strychnos-Arten. Aus dem Samen einer anderen Strychnos-Art, dem ostindischen Brechnußbaum *(Strychnos nux-vomica)* stammt zum Beispiel auch das bekannte Indol-Alkaloid Strychnin. Nach dem Einschieben in den Blasrohrlauf erfolgt der kräftige, nahezu geräuschlose Schuß. Vögel werden dabei meist schon allein von der Wucht des auftreffenden Pfeiles getötet. Auf Grund ihrer höheren Körpertemperatur wirkt das Pfeilgift auch stets sehr rasch, da es sich schnell im Blutkreislauf verteilt.

Bei Säugetieren, zum Beispiel Affen, dauert es dagegen länger, bis die atemmuskellähmende Wirkung des Curare einsetzt. Diese Wirkung ist natürlich aber auch nur dann gegeben, wenn das Gift lange genug auf den Organismus des Beutetieres einwirken kann. Oft passiert es nämlich, daß sich vor allem getroffene Affen den schmerzenden Pfeil sofort aus der Wunde herausreißen. Bei jeglichem Versuch, sich des „lästigen" Pfeiles zu entledigen, bricht dieser aber an der durch den Piranhakiefer bearbeiteten „Sollbruchstelle" ab. Die Spitze bleibt unter der Haut stecken und der Tod tritt nach etwa zwei bis vier Minuten ein.

Seit vor etwa 40 000 Jahren Menschen aus Nordamerika nach Südamerika einwanderten, hat sich ihr Lebensstil, zumindest in den riesigen, oft unzugänglichen Urwaldgebieten nur wenig verändert. Fische fangen sie mit Netzen und Angelhaken, sie schießen sie im flachen Wasser mit Pfeil und Bogen oder treiben sie mit einem Pflanzengift an die Oberfläche. Die Weica-Indianer zerschlagen und zerquetschen hierzu Stücke bestimmter Lianensorten (z. B. *Jacquinia barbasco*). Das im austretenden Saft enthaltene Barbasco-Gift entzieht dem Wasser einen Teil des lebenswichtigen Sauerstoffes. Die Fische kommen halb betäubt an die Oberfläche, wo sie mit Körben abgeschöpft werden können. Raubbau wird nicht betrieben, da ein Zuviel an Beute im Fluß belassen wird. Nachdem die Wirkung des Giftes nachläßt, schwimmen die Fische, ohne Schaden genommen zu haben, davon. Da gerade die Piranhas fast zu jeder Zeit sicher und leicht zu fangen sind, stellen sie eine für die fischenden Indianerstämme nicht zu unterschätzende, da bequem zu erreichende, Quelle von nahrhaftem tierischem Eiweiß dar. Sie sind wertvolle und praktisch immer verfügbare Speisefische.

Allgemeiner Biologischer Teil

Körperbau

Da die gesamte wissenschaftliche Einteilung oder Systematik auf den Körpermerkmalen eines Fisches beruht, sind Kenntnisse über den äußeren und inneren Körperbau der Piranhas überaus wichtig. In diesem Kapitel soll deshalb ein Überblick über die wichtigsten Körpermerkmale und Sinnesleistungen, welche ihre Verhaltensweisen bestimmen, sowie über Nahrungserwerb und Fortpflanzung gegeben werden.

Körperform

Die charakteristische Körperform ist nicht nur ein wichtiges Bestimmungsmerkmal. Sie gibt gleichzeitig Aufschluß über die Lebensweise eines Fisches, da sie sich immer in enger Abhängigkeit vom natürlichen Lebensraum ausprägt. Die Körperform aller Piranhas ist hoch, mehr oder weniger gedrungen und an den Seiten stark zusammengedrückt, was sie deutlich als Bewohner langsamfließender und stehender Gewässer kennzeich-

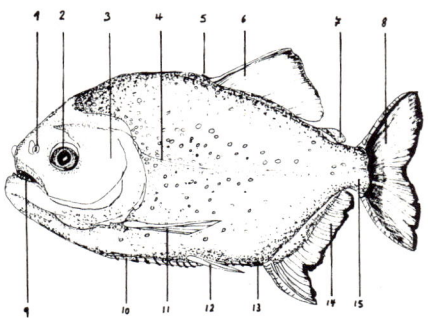

Abb. 4   Die wichtigsten äußeren Merkmale
1. Nasenloch; 2. Auge; 3. Kiemendeckel; 4. Seitenlinie; 5. Kleiner Stachel; 6. Rückenflosse; 7. Fettflosse; 8. Schwanzflosse; 9. Maul; 10. Bauchkiel; 11. Brustflosse; 12. Bauchflosse; 13. After; 14. Afterflosse; 15. Schwanzstiel

net. Der Kopf ist relativ groß, die Stirnpartie hoch. Der durch Schuppen gebildete Bauchkiel, von der Afterflosse an mehr oder weniger weit nach hinten reichend, ist sägeartig gezähnelt. Ihr verdankt die gesamte Piranhafamilie der Serrasalmidae (Sägesalmler) ihre Namen. Äußere Geschlechtsunterschiede sind kaum festzustellen. Oft ist das Männchen im Gesamthabitus etwas schlanker gebaut. Eine sichere Geschlechtsbestimmung ist meist jedoch überaus schwierig.

Flossen

Die Flossen ermöglichen den Fischen (meist im Zusammenspiel mit der Schwimmblase) die Kontrolle ihrer gesamten Bewegungen. Als auffällige Kennzeichen dienen sie in der Systematik zum Teil als wichtige Bestimmungshilfen.

Jeder Piranha verfügt über paarige und unpaarige Flossen. Sie werden benannt nach den Körperteilen, an denen sie ansetzen und bestehen mit Ausnahme der Fettflosse aus Strahlen, zwischen denen sich Haut spannt. Paarige (horizontale) Flossen sind die hinter den Kiemen ansetzenden Brustflossen (Pectoralen) und die dahinter am Bauch ansetzenden kleinen Bauchflossen (Ventralen). Zu den unpaarigen (vertikalen) Flossen gehören: die zwischen After und Schwanzwurzel liegende lange, ungelappte Afterflosse (Anale), die wenig eingeschnittene Schwanzflosse (Caudale), die Rückenflosse (Dorsale) und die dahinter liegende gut ausgebildete Fettflosse. Letztere, strahlenlose Flosse kennzeichnet alle Piranhas eindeutig als Salmlerartige (Characinidae). Vor der ersten Rückenflosse befindet sich ein kleiner Stachel.

Schuppen und Färbung

Wie beim Großteil aller Fische wird der Körper der Piranhas von einem Hautskelett, dem typischen Schuppenkleid, bedeckt. Die Schuppen selbst sind runde oder ovale kleine Hautknochen, die jede für sich in der sogenannten Schuppentasche (einer Hauthöhlung) liegen und meist von der Epidermis (Außenhaut) überzogen werden. Die Rundschuppen (Cycloid-schuppen) der Piranhas sind klein, elastisch-biegsam und stehen dachziegelartig in Längs- und Querreihen. Sie bilden einen regelrechten Schutzpanzer gegen Infektionen und Fremdkörper. Über den Schuppen liegt eine stark schleimabsondernde Hautschicht. Durch Angriffe und Kratzer können ständig Schuppen verlorengehen. Der Verlust ist jedoch harmlos, weil sie sofort wieder nachwachsen.

Die für die Systematik wichtigen Schuppenformeln werden durch Zählung der Längs- und Querreihen gewonnen. Man zählt die Schuppen der Seitenlinie und erhält die Anzahl der Querreihen. Die Zahl der Längsreihen ergibt sich beim Zählen von der Seitenlinie aus nach oben und unten bis zum Ansatz der Rücken- bzw. der Bauchflosse. Die gefundenen Werte ergeben die Schuppenformel.

Schon bei oberflächlicher Betrachtung fallen bei den Schuppen eine Anzahl konzentrischer, dem Rande parallel verlaufender Linien auf, die „Zuwachsstreifen", an denen sich das Alter der Fische feststellen läßt.

Abgesehen von ihrem Schutzwert sind die Schuppen zum Teil auch ausschlaggebend für die Färbung des Fisches. Meist sind sie jedoch nicht die eigentlichen Erzeuger der Färbung. Diese entsteht vielmehr aus pigmententhaltenden sogenannten Chromatophorenzellen in der Lederhaut (Cutis), in welche auch die Schuppen eingebettet sind. Liegen zum Beispiel viele Zellen mit rotem Pigment beieinander, so zeigt sich eine rote Farbfläche. Rot wird von vielen Süßwasserfischen als Artkennzeichen benutzt, tritt bei den Piranhas entweder als Augenfärbung (z. B. *Serasalmus spilopleura*) oder als Färbung von Körperunterseite und Bauch *(Serrasalmus nattereri, S. notatus)* auf. Manche Chromatophoren werden durch Licht erregt, wodurch sie, sich ausdehnend und zusammenziehend, Farbveränderungen im Tag- und Nachtwechsel hervorrufen.

Ich beobachtete derartige Farbveränderungen u. a. bei *Serasalmus nigricans*. Dabei zeigten junge Exemplare nachts stets eine erheblich dunklere Färbung. Die Färbung ist also das Ergebnis eines biochemischen, vom Lebenszyklus abhängenden Vorgangs. Sie wird sowohl durch Krankheit und Stimmung als auch durch die Umgebung beeinflußt und verändert. Auch das Alter eines Individuums spielt eine zum Teil erhebliche Rolle. Bei der Art *S. notatus* verblassen die leuchtende Rotfärbung der Bauchunterseite und der schwarze Seitenfleck deutlich mit dem Zunehmen von Alter und Größe. Abgetötete Piranhas derselben Art, die wir in Venezuela in Formollösung konservierten, verloren schon nach ca. zwei Wochen vollständig ihre charakteristische leuchtende Rotfärbung, während der schwarze Seitenfleck erhalten blieb.

Wie bei zahlreichen wald- und dschungelbewohnenden Fischarten fällt bei vielen Piranha-Arten das metallische Schimmern vieler Schuppen auf. Es wird durch in die Schuppen eingelagerte Kristalle (z. B. Guanin) und der darin stattfindenden Lichtbrechung erzeugt. Mit großer Wahrscheinlichkeit dient das Schillern in den lehmigtrüben Tropengewässern der Arterkennung. Alte Exemplare verschiedener Piranha-Arten (z. B. *S. nattereri*) können so stark schillern, daß sie als „Goldstaub-Piranha" angesprochen wurden.

Skelett, Muskulatur und Bewegung

Da das Körpergewicht vom Wasser getragen wird, dient das Skelett hauptsächlich zum Stützen der Gesamtmuskulatur und liefert die Muskelansatzstellen. Schützend umschließt es das Gehirn und andere wichtige Organe.

Wie bei allen Knochenfischen, so läßt auch die Ausbildung des Piranhaskeletts Rückschlüsse auf deren Lebensweise zu. Im Gegensatz zum zarten, dünnen Skelett langsamer Bodenfische ist es relativ robust gebaut. Dies ermöglicht den Piranhas schnelle und kräftige Schwimmbewegungen. Die zur eigentlichen Fortbewegung des Körpers dienende Seitenrumpfmuskulatur baut sich aus hintereinanderliegenden, tütenartig ineinandersteckenden schmalen Muskelpartien (Myomeren) auf. Sie besteht aus einem dorsalen und ventralen, durch Bindegewebe getrennten Teil. Die Muskulatur ist auch durch diese bindegewebigen Scheidewände, die sich auf dem Rumpfmuskel als geknickte Linien abzeichnen, mit der Wirbelsäule verwachsen.

Das Schwimmen ist eine schlängelnde Bewegung, die vor allem von der kräftigen Seitenrumpfmuskulatur in Verbindung mit der Schwanzflosse ausgeführt wird. Alle übrigen Flossen haben für die Fortbewegung kaum nennenswerte Bedeutung. Sie werden beim Schnellschwimmen oft ganz an den Körper angelegt. Die paarigen Flossen dienen meist nur zum Steuern und Balancieren.

Gebiß, Bezahnung

Vor allem der Unterkiefer ist groß und ungemein kräftig, was bei vielen älteren Exemplaren zu deren „bulldoggengesichtigem" Aussehen beiträgt. Starke Muskeln und Sehnen sorgen

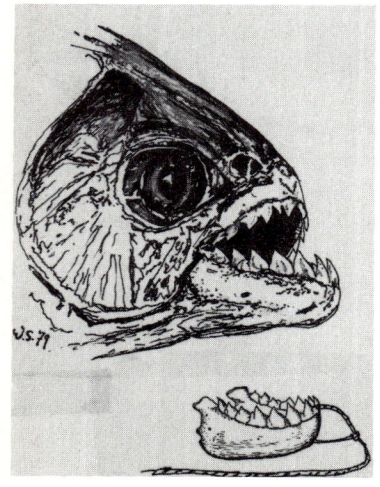

Abb. 5 Gebiß eines Serrasalmus nattereri mit abgetrennten Lippenhäuten; unten: Piranha-Unterkiefer, wie er von südamerikanischen Blasrohr-Indianern zum Einkerben des Giftpfeiles als Werkzeug bei der Jagd mitgeführt wird.

24

für das optimale Funktionieren des Piranha-Gebisses. Hinter den Lippenhäuten verbirgt sich eine beeindruckend große, äußerst spitze und rasiermesserscharfe Bezahnung (s. Farbfoto 14, 15).

Der Oberkiefer weist bei einigen Arten *(Serrasalmus rhombeus, S. spilopleura)* zwei parallele Bogenreihen von Zähnen auf, von denen die äußere Zahnreihe (6 Zähne) am Zwischenkiefer, die innere (5 – 7 Zähnchen) an den Gaumenbeinen sitzt. Der Unterkiefer besitzt dagegen nur eine einfache Bogenreihe von 14 Zähnen.

Durch das äußerst kräftige Gebiß sind Piranhas in der Lage, selbst größere Warmblüter schwer zu verletzen oder zu töten. Selbst ein junger, 15 cm langer Piranha hat immerhin schon 4 mm lange Zähne!

Stoffwechselorgane

Mundhöhle, Speiseröhre, Magen- und Darmkanal

Hinter der großen Mundöffnung befindet sich eine geräumige Schlundhöhle, von der die muskulöse Speiseröhre (Oesophagus) ohne starke Abgrenzungen in den Magen überleitet. An einer Magenverengung (Duodenum) setzt der Dünndarm an, der in mehreren Windungen und Schlingen durch den Körper läuft und fast bis zum After reicht. Durch ein sehr kurzes, kaum abgrenzbares Rectum werden die verdauten Ausscheidungsprodukte durch den After ausgeschieden.

Speicheldrüsen sind nicht vorhanden. Von der Mundöffnung bis zum After finden sich im gesamten Verdauungskanal Schleimdrüsen. Im Magen und Darm tritt das verdauende Ferment Pepsin auf. Die Leber ist groß und fettreich. Eine Gallenblase ist vorhanden.

Atmungsorgane

In Ausbuchtungen (Kiementaschen) zwischen Schlund und Körperwand liegen die zur Atmung dienenden inneren Kiemen, die den im Wasser gelösten Sauerstoff aufnehmen. Die

Kiemen setzen sich aus rötlichen, dünnen, mit Blutgefäßen dicht besetzten Hautlamellen (Kiemenblättchen) zusammen, die von außen durch den Kiemendeckel (Operculum) geschützt werden.

Beim Atmungsvorgang strömt das Wasser durch den geöffneten Mund in die erweiterte Mundhöhle ein und wird nach Schließen des Mundes durch Verengung der Mundhöhle an den Kiemen vorbei nach außen gepreßt. Tritt im Wasser Sauerstoffmangel ein, schnappen Piranhas, wie viele andere Fischarten, an der Wasseroberfläche nach Luft, um so das Atemwasser stärker mit Sauerstoff anzureichern.

Die durch das Luftschnappen erzeugten „glucksenden Ringe" hörten wir an den lehmig-gelben Lagunas oder den langsam dahinkriechenden Seitenarmen des Orinoko am Ende der Trockenzeit bis tief in die Nacht hinein.

Einige Fischarten, wie zum Beispiel Aal und Schlammpeitzger, besitzen in enger Anpassung an sauerstoffärmere Lebensräume außer der Kiemenatmung auch noch eine Hautatmung. Ausgehend vom Sauerstoffhaushalt vieler tropischer Gewässer muß angenommen werden, daß auch zahlreiche hier vorkommende Fischarten die Fähigkeit der Hautatmung besitzen. Für Piranhas ist dies jedoch nicht nachgewiesen.

Schwimmblase

Flossen erlauben es dem Fisch, seine Bewegung zu kontrollieren. Die Kontrolle der Schwebefähigkeit und damit das Stillstehen im Wasser ermöglicht die Schwimmblase. Sie liegt über dem Magen-Darmsystem (vgl. Abb. 6) und dient zur Wahrnehmung des wechselnden Wasserdruckes (hydrostatischer Apparat). Durch Zu- und Abnahme der in ihr enthaltenen Gasmenge versetzt sie den Fisch in die Lage, sein spezifisches Gewicht dem des umgebenden Wassers anzupassen. Auf diese Weise kann der Fisch mühelos in jeder Wassertiefe schweben. Das in der Schwimmblase befindliche Gas ist hinsichtlich seiner Zusammensetzung der atmosphärischen Luft ähnlich. Es wird

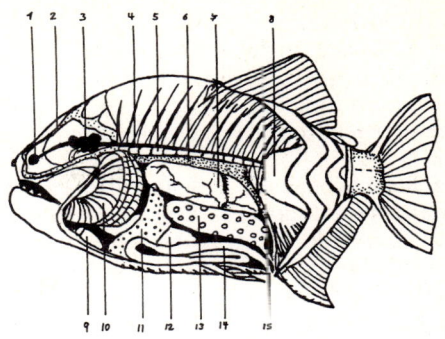

Abb. 6 Schema des inneren Aufbaus eines Piranha
1. Riechkolben; 2. Schädeldecke; 3. Gehirn; 4. Rückenmark; 5. Wirbelsäule; 6. Niere; 7. Schwimmblase; 8. Muskelsegment; 9. Herz; 10. Kiemen; 11. Leber; 12. Magen; 13. Geschlechtsorgan; 14. Darm; 15. After;

von einer in der Schwimmblase liegenden Gasdrüse produziert. Die Entleerung einer bestimmten Gasmenge erfolgt entweder durch den Luftgang (Ductus pneumaticus) oder durch ein kleines, im Hauptschwimmblasenraum liegendes gasresorbierendes Organ. Immer geht dieser Druckausgleich langsam vor sich. Eine willkürliche Kontraktion ist nicht möglich. Bei Fischen, die aus größerer Tiefe schnell an die Oberfläche gebracht werden, weitet sich die Schwimmblase deshalb sehr stark aus (Trommelsucht), oder aber sie platzt.

Wie zahlreichen anderen Fischarten dient die Schwimmblase den Piranhas auch als Resonator für Laute. Diese entstehen entweder durch Auspressung von Gas oder durch Reibung zweier Schultergürtelknochen. Die Bedeutung der Laute ist noch nicht befriedigend geklärt. Auffallend ist jedoch, daß gerade sehr viele Fischarten, die trübe Tropengewässer bewohnen (z. B. Welsarten), in der Lage sind, zum Teil recht laute Töne zu erzeugen. Eine Deutung als „Kommunikationslaute" bei verminderter Unterwassersicht liegt nahe. Frisch gefangene Piranhas und Welse stoßen ihre Laute „warnschreiartig" aus, ebenso Piran-

has, die im Aquarium mit einem Netz in die Enge getrieben
werden. Die Lautskala reicht von pfeifendem Schnarren und
Fauchen höherer Frequenzen bis zu tiefem Knurren. Die Ge-
räusche, welche von Piranhas erzeugt werden, lassen sich vielleicht noch am treffendsten als „helles Knurren" charakterisieren.

Die Venezolaner behaupten, daß dieses Knurren flußbewoh-
nenden und badenden Indios ebenfalls als Piranha-Warnsignal
diene. In einer Anekdote schilderte der bekannte Botaniker und
Tropenökologe Prof. Dr. Volkmar VARESCHI, wie er während
einer Orinoko-Expedition in einem gletschermühlenartigen
Wasserbassin einer Stromschnelle ein piranhafreies Bad nehmen
wollte und plötzlich das „charakteristische Piranhaknurren"
vernahm. Sofort aus dem Wasser emporgeschnellt, suchte er
vergeblich die vermeintlichen Verursacher und stellte erst nach
mehrmaliger Wiederholung dieses Vorganges fest, daß er vor
seinem eigenen, durch die Felswände verstärkten Magenknur-
ren Reißaus genommen hatte.

Herz und Blutkreislauf

Das Herz liegt dicht hinter den Kiemenbögen vor dem Schul-
tergürtel in einem Herzbeutel (Pericard). Dieser ist durch ein
senkrechtes Septum von der Bauchhöhle getrennt. Das Herz
gliedert sich in zwei Abschnitte: die nicht muskulöse Erweite-
rung des Bulbus arteriosus mit nur einem Klappenpaar und die
muskulöse Herzkammer (Ventrikel).

Durch die Herzkontraktion wird das Blut in die Hauptschlag-
ader *(Aorta ascendens)* getrieben, von der paarige seitliche Äste
zu jedem Kiemenbogen laufen. Die zuführenden Kiemengefäße
verjüngen sich bis in das Kapillarnetz der Kiemenblättchen.
Nach Aufnahme von Sauerstoff strömt das Blut durch die rück-
führenden Kiemengefäße in die Kopf- und Körpergefäße *(A.
carotis* und *A. descendens)*. Schlagadern (Arterien) führen zu
den einzelnen Organen und versorgen sie mit arteriellem sauer-
stoffreichem Blut. Die Reinigung des Blutes erfolgt durch Niere

und Leber. Die ovalen Blutkörperchen haben eine Größe von 0,005 — 0,023 mm. Auch ein Lymphflüssigkeitskreislauf mit dazugehörigem Gefäßsystem ist vorhanden.

Innere Sekretion und Exkretion

Einige Drüsen geben ihre Sekrete (z. B. Hormone) in das sie durchströmende Blut oder an die allgemeine Leibeshöhlenflüssigkeit ab, wodurch diese ebenfalls zu den einzelnen Organen und Geweben gelangen. Die meist chemisch kompliziert aufgebauten Sekrete wirken bereits in sehr kleinen Mengen.

Wichtige Drüsen und ihre Funktionen

Schilddrüse: Regelung des Stoffumsatzes.

Thymusdrüse: Beeinflußt z. B. Wachstum und Entwicklung der Geschlechtsdrüsen, produziert T-Lymphozyten.

Bauchspeicheldrüse: Ein Teil produziert Verdauungsfermente, der andere Teil, die „Inselzellen", erzeugen das den Blutzuckerspiegel konstant haltende Insulin und liegen von der Pankreas (Bauchspeicheldrüse) getrennt.

Nebennierenrinden: Sondern das für die Atmungsfunktion lebenswichtige Corticosteron ab. Im Mark wird Adrenalin erzeugt, das sich als Reizmittel z. B. auf die Herzschlagfrequenz und damit Erhöhung des Blutdrucks bzw. auf die Gefäßweite auswirkt.

Hirnanhangdrüse: Gibt verschiedene, das Wachstum, den Fett- und Kohlenhydratstoffwechsel und die Entwicklung der Geschlechtsorgane beeinflussende Hormone ab. Ferner wirken ihre Hormone auf andere Körperdrüsen (Schilddrüse, Bauchspeicheldrüse, Nebennieren etc.).

Keimdrüsen: Produzieren Geschlechtszellen und Hormone, regulieren die Geschlechtstätigkeit und werden weitgehend von der Hirnanhangdrüse (Hypophyse) kontrolliert.

Die Urnieren, die längs der Wirbelsäule liegen und vom Kopf bis zum Ende der Leibeshöhle reichen, dienen als Ausscheidungsorgane. Als Ausführgänge dienen zwei im Endabschnitt zur Harnblase miteinander verschmelzende Harnleiter, welche die Ausscheidung hinter dem After nach außen führen. Die Hauptausscheidungsprodukte sind Harnsäure und Ammoniak.

Nervensystem und Sinnesorgane

Das zentrale Nervensystem

Das zentrale Nervensystem besteht
1. aus dem Vorderhirn, Zwischenhirn, Mittelhirn, Kleinhirn und Nachhirn
2. aus den ins Rückenmark, in Körper- und Sinnesorgane laufenden Nervensträngen.

Alle von den Sinnesorganen empfangenen „Umweltreize" werden vom Gehirn erfaßt und können bestimmte, über verschiedene Nerven gesteuerte Reaktionen auslösen. Viele instinkthafte Reaktionen erfolgen reflexartig, wobei dann das Rückenmark als zentraler Auslöser fungiert. Aalen wurde in einem Versuch das Gehirn weitgehend vom Rückenmark abgetrennt. Trotzdem bewegten sich die Tiere genauso natürlich-schlängelnd wie vor dem Eingriff. Damit wurde bewiesen, daß auch die Fortbewegung weitgehend vom Rückenmark gesteuert wird.

Im folgenden soll auf die sechs Hauptsinnesorgane eingegangen werden.

Die Seitenlinie

An jeder Körperseite zieht sich vom Kiemendeckel bis zum Schwanzstiel die mit bloßem Auge als dünner Strich erkennbare Seitenlinie entlang. Sie bildet den Hauptast eines Kanalsystems, das sich am Kopf in drei Nebenäste aufteilt. Ein Nebenast liegt längs des Unterkiefers, der zweite unter und der dritte über dem Auge. Diese Rinnen und Kanäle liegen am Kopf mehr oder weniger offen in der Außenhaut, werden am Körper jedoch von Schuppen bedeckt und stehen hier durch spezielle Poren mit dem Wasser in Verbindung. In die schleimgefüllten Kanäle ragen die Sinnesborsten der mit ihnen in enger Verbindung stehenden Sinneszellen (druckwellensensible Mechanoreceptoren). Sie nehmen Druckwellen auf, die im Wasser erzeugt werden und machen den Fisch damit empfindlich für jegliche Vibrationen und Erschütterungen. Das Zappeln eines kranken Fisches wird durch diesen „Ferntastsinn" genauso schnell und exakt wahrgenommen wie die Bewegung anderer sich bewegender Objekte. Mit großer Wahrscheinlichkeit werden durch das Seitenlinienorgan auch Artgenossen an ihrer charakteristischen Bewegungsfrequenz erkannt. Auch Druckwellen bei Balzspielen und Imponiergefechten werden durch sie aufgenommen. Außerdem dient die Seitenlinie der Erhaltung des Gleichgewichtes. Im trüben Wasser bildet sie eine wichtige Orientierungshilfe, da Hindernisse schon früh allein durch reflektierende Druckwellen wahrgenommen werden können.

Geruch

Das Riechorgan stellt eines der entwicklungsgeschichtlich ältesten Sinnesorgane dar und ist deshalb bei fast allen Fischen sehr gut entwickelt. Die aus Schleimgruben bestehenden paarigen Nasenlöcher befinden sich auf beiden Seiten des Kopfes oberhalb der Mundöffnung. Die Mündungen dieser „Nasengruben" werden durch eine Hautbrücke in die vordere und hintere Öffnung geteilt). Durch diese Öffnung strömt das Wasser im Inneren an der faltig angeordneten Riechschleimhaut vorbei, die jeweils durch den Riechnerv *(Nervus olfactorius)* und den Riechlappen *(Lobus olfactorius)* mit dem Gehirn in Verbindung steht.

Viele Autoren weisen immer wieder auf das fantastische Geruchsvermögen von Haien hin, die nach STEUBEN Blut und Fischöl in einer Verdünnung von 1 : 1 500 000 wahrnehmen und einer Duftspur „mit unfehlbarer Zielstrebigkeit" folgen können.

Aber auch Piranhas scheinen ein außerordentlich gut ausgeprägtes Geruchsvermögen zu besitzen, was sich schon durch einfachste Versuche nachweisen läßt: In einem 200-l-Becken hielt ich eine Zeitlang einen 22 cm langen Piranha, der im Laufe der Jahre alle übrigen Schwarmmitglieder gefressen bzw. überlebt hatte. Im hungrigen Zustand genügte ein einziger ins Becken geträufelter Tropfen Blut oder Fleischsaft, das Tier in erkennbare Unruhe zu versetzen. Mehrere Tropfen veranlassen den Piranha zum gezielten Anschwimmen der vermeintlichen Beute. Daran schloß sich stets eine Phase erregten schnellen Umherschwimmens an. Auf dem Bodengrund liegende Fleischstücke wurden stets zielstrebig angeschwommen und aufgenommen. In dichten Pflanzenbüscheln versteckte Futterstücke wurden immer sehr schnell gefunden.

Berichten ist zu entnehmen, daß die Witterung von Blut in kürzester Zeit größere Piranha-Mengen anlocken kann.

Geschmack

Die Geschmacksorgane bestehen aus kleinen knospenförmigen Gebilden („Geschmacksknospen"), die über den ganzen Fischkörper verteilt sind, jedoch besonders zahlreich im Mund- und Rachenraum auftreten. Sie bestehen aus Sinneszellen, die von Hüllzellen umgeben werden und ragen als „Knospe" aus der Außenhaut (Epidermis). Außer ihrer chemischen Funktion der Geschmackswahrnehmung reagieren ihre Nervenzellen aber auch auf Temperaturunterschiede.

Gehör

Das frei in der Schädelhöhle liegende „Labyrinth" der Knochenfische ist inneres Ohr und zugleich Gleichgewichtsorgan. Bei experimenteller Zerstörung des Labyrinthes werden die Bewegungen des Fisches unkontrolliert. Das Labyrinth besteht aus flüssigkeitsgefüllten Bogengängen und enthält die aus Kalk aufgebauten Gleichgewichtssteine (Otolithen). Durch eine Reihe von kleinen Knöchelchen, dem sogenannten „Weberschen Apparat", wird eine Verbindung zur Schwimmblase hergestellt und deren Druckschwankungen auf das Labyrinth übertragen.

In zahlreichen Versuchen konnte man bei Knochenfischen (z. B. Ellritzen und Welsen) ein ausgezeichnetes Hörvermögen feststellen. Da Piranhas selbst Töne erzeugen, muß angenommen werden, daß auch sie ein sehr gutes Hörvermögen besitzen.

Normal schwimmende Fische erzeugen charakteristische Tonwellen niedriger Frequenz. Da sich unter Wasser Tonschwingungen vier- bis fünfmal schneller als in der Luft ausbreiten, werden verletzt zappelnde, druckwellenerzeugende Fische von Piranhas mit Sicherheit auch sofort an der dann veränderten Tonfrequenz erkannt. Genauere Aussagen zum Hörvermögen der Piranhas bedürfen noch spezieller Untersuchungen.

Gesicht

Die relativ großen Augen der Piranhas, in ihrem Bau ähnlich denen anderer höherer Wirbeltiere, weisen eine harte, kugelige und in ihrer Gestalt nicht veränderliche Linse auf. Die Hornhaut ist flach, kaum gewölbt. Als typische Fischaugen bewegen sie sich nicht und haben keine Augenlider. Auch Tränendrüsen fehlen, da die Oberflächen durch das Wasser befeuchtet werden. Alle Sehinformationen laufen über Sehnerven ins Gehirn und werden hier koordiniert. Das Auge ist ideal zum Nahsehen eingerichtet, im Ruhestand kurzsichtig. Eine Anpassung auf größere Entfernungen geschieht durch Verschiebung der Linse durch den auf der Rückseite ansetzenden Linsenmuskel in Richtung Netzhaut.

Bedingt durch Lage und Form der Augen, überblicken Piranhas, wie die meisten Fische, ein sehr weites Gesichtsfeld. Sie sind bedingt in der Lage, Bewegungen wahrzunehmen, die hinter ihnen ablaufen. Eventuelle Gefahren werden so früher wahrgenommen, wodurch sich die Fluchtchance vergrößert. Ebensowenig entgehen dem „Rundumblick" Beutebewegungen aller Art.

Vorne überschneiden sich die weiten Gesichtsfelder beider Augen. Nur in dem entstehenden schmalen Überschneidungsfeld ist der Piranha in der Lage, räumlich zu sehen (vgl. Abb. 7). Will er eine wahrgenommene Beute genauerer Prüfung unterziehen, wendet er sich ihr zu und bringt sie damit in den Überschneidungsbereich. Für einen eventuell folgenden Angriff muß die Entfernung abgeschätzt werden; das erfordert räumliches Sehen.

Zu welch erstaunlichen Leistungen das Fischauge in der Lage ist, wurde zum Beispiel durch Versuche mit Ellritzen und Barschen nachgewiesen. Beim Erkennen von geometrischen Figuren wurden von den Fischen noch Größendifferenzen von 1 mm erkannt. Auch der Farbensinn ist sehr ausgeprägt. Es gelang, Ellritzen auf 20 verschiedene Farbstufen zwischen 700 und 370 Nanometer zu dressieren. Diese Versuche ergaben, daß ultraviolettes Licht (unter 397 nm) noch mit den Augen wahrgenommen wird!

Hinsichtlich der Piranhas liegen noch keine Untersuchungsergebnisse vor. Da das Auge der Sägesalmler aber dem Ellritzenauge im Aufbau sehr stark ähnelt, muß auch bei Piranhas von entsprechend guten Sehleistungen ausgegangen werden.

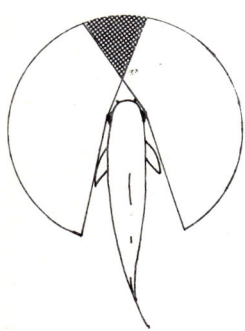

Abb. 7 Gesichtsfeld des Piranha (schematisch). Nur im dunkel dargestellten Überschneidungsbereich ist räumliches Sehen möglich

34

Geschlechtsorgane, Fortpflanzung und Entwicklung

Beim männlichen Tier haben die Hoden direkte Samenausführgänge. Beim Weibchen gelangen die Eier durch Bruch der Ovarienwand in die Leibeshöhle und werden durch den hinter dem After gelegenen Genitalporus nach außen entleert. Über den genauen Eintritt der Geschlechtsreife bei Piranhas liegen derzeit noch keine befriedigenden Untersuchungsergebnisse vor. Eine Laichzeit liegt wahrscheinlich vor der Regenzeit im April/Mai, eine zweite eventuell im Spätsommer.

Vor dem Laichen nimmt die allgemeine Aggressivität der Tiere erheblich zu. Vermehrt treten Bisse gegen Artgenossen auf. In zoologischen Schaubecken kam es wiederholt zu Verlusten, da laichreife, äußerst erregte Piranhas förmlich übereinander herfielen. Störende Unterwasserpflanzen werden fast gänzlich abgebissen und Laichgruben ausgehoben. Dabei verteidigen die Paare schon in diesem Stadium ihr Laichrevier! Auch nach dem Ablaichen hält die erhöhte Aggressivität bei den Elterntieren noch eine Zeitlang an.

Farbveränderungen während der Laichperiode können z. B. bei *S. nattereri* beobachtet werden. Die Tiere werden im Ganzen etwas heller, die Rotfärbung des Bauches nimmt an Intensität zu und das allgemeine Schillern läßt stark nach.

GEDASCHKE (1969) beschreibt den in einem Aquarium des Duisburger Zoos bei *Serrasalmus rhombeus* beobachteten Laichvorgang: „. . . gegen Abend war wieder einmal das nach Salmlerart verlaufende Liebesspiel zu beobachten, die Eiablage zog sich von 19 bis 22 Uhr hin." Der Laich wurde von dem Weibchen nahe einer Wurzel in dichtes Quellmoos abgegeben. Anschließend wurde der Laich von den Elterntieren heftig verteidigt. GERY schreibt zur Fortpflanzung der Piranhas: „Wahrscheinlich treiben sie wie höher entwickelte Fische Brutpflege." Diese Vermutung wurde auch durch Beobachtungen von HONEGGER (Zürich, 1971) bei *Serrasalmus nattereri* bestätigt. Es muß angenommen werden, daß dieser Sachverhalt auch für die anderen Piranha-Arten zutrifft.

In Abhängigkeit von der Wassertemperatur schlüpfen die Jungfische nach zwei bis drei Tagen. Sie verlieren ihren Dottersack nach vier bis fünf Tagen bei einer Größe von etwa 7 bis 8 mm. Im Kapitel „Zucht" soll speziell auf Fragen zu Zucht und Aufzucht der Jungfische eingegangen werden.

Nahrungserwerb und Freßverhalten

Nach der Aufzehrung des Dottersackes im Alter von etwa vier Tagen beginnt für die jungen Piranhas mit dem ersten Nahrungserwerb der „Ernst des Raubfischlebens". Winzige Krebse und Einzeller bilden das erste „erjagte" Futter. Rasch wachsend werden danach in erster Linie Wasserinsekten, kleine Würmer und Mückenlarven aufgenommen. Ab einer Größe von 25 bis 30 mm werden kleinere Fische und vermehrt auch schwächere Artgenossen angegriffen. Mit dem Wachstum nehmen Aggressivität und Kannibalismus deutlich zu. Fische bilden die Hauptnahrung heranwachsender und ausgewachsener Tiere. Das Töten und Fressen von Warmblütern muß als Ausnahme angesehen werden.

Oft und gern werden Piranhas schlechthin als *das* Paradebeispiel für animalische Gefräßigkeit angeführt. Dies mag aus einem eher naiven Irrglauben resultieren, der, auf eine einfache Formel gebracht, etwa lautet: Je gefährlicher und aggressiver ein Tier ist, desto größere und unmäßigere Nahrungsmengen schlingt es in sich hinein. Wie so oft sieht aber die Wirklichkeit ganz anders aus! DRÖSCHER 1979 berichtet von Aquariumsversuchen des Verhaltensforschers Richard M. FOX. Dieser setzte in einem seiner Versuche in ein großes Aquarium zu seinen zwei ca. 10 cm langen Piranhas *(S. nattereri)* als Lebendfutter 25 etwa gleich große Goldfische ein. Statt einer „wilden Massentötungsorgie" wurde von den zwei Piranhas täglich nur lediglich ein Futterfisch getötet und gemeinsam gefressen. Dies entspricht auch durchaus dem normalen täglichen Nahrungsbedarf.

Aber noch eine weitere interessante Tatsache wurde von FOX beobachtet: Allen übrigen Goldfischen bissen die Piranhas schon nach kurzer Zeit sämtliche Flossen ab, so daß die Goldfische danach zwar lebend, aber unfähig, normal zu schwimmen, meist hilflos kopfüber im Wasser umhertaumelten. Die zwei jungen Piranhas hatten sich auf diese Weise einen fluchtunfähigen, jederzeit mühelos erreichbaren Nahrungsvorrat angelegt.

Daß die Taumelbewegungen eines kranken Fisches oder verletzten Fisches auf Piranhas und andere Raubfischarten eine starke, angriffsauslösende Reizwirkung haben, ist eine oft und immer wieder beobachtete Tatsache. Um so erstaunlicher mutet auf den ersten Blick deshalb auch die Tatsache an, daß von den Piranhas täglich nur lediglich ein Angriff auf die ständig zappelnden und taumelnden Futterfische erfolgte. Es muß daher angenommen werden, daß im Stadium der Sättigung die Zappelbewegungen durch die Sinnesorgane zwar wahrgenommen werden, jedoch dann keine unmittelbar angriffsauslösende Reizwirkung mehr haben.

Die Bezahnung der Piranhas ist äußerst spitz und rasiermesserscharf. Im Gegensatz zu Raubfischen, die ihre Beute ganz herunterschlucken, spielt die Größe der Beute für Piranhas keinerlei Rolle. Stets läßt sich ein Futterhappen „mundgerechter Größe" herausschneiden. Die Nahrungsaufnahme der Piranhas ähnelt damit sehr stark dem Freßverhalten der Haie. Sie ist für Süßwasserfische wohl einmalig. Genau wie bei fressenden Haien lassen sich bei Piranhas, die sich nach einem schnellen Vorstoß an einer Beute festgebissen haben, jene charakteristischen schnellen Schüttelbewegungen erkennen, die zum Heraustrennen des Bissens dienen. Die Schüttelbewegungen erfolgen außerordentlich heftig und lassen das ganze Tier „erzittern". Danach erfolgt unter Schluckbewegungen das Davonschwimmen, um sich nach dem Schluckvorgang in einem rasch geschwommenen Bogen erneut auf die Beute zu stürzen.

Nicht selten sind Freßrausch und Erregung dann so heftig, daß sich die Piranhas auch gegenseitig Stücke aus Flossen oder Körper beißen, zum Teil übereinander herfallen (vgl. Farbfoto 11).

Obwohl teilweise Revierbildungstendenzen im Aquarium erkennbar werden, leben und jagen Piranhas als Jungfische stets in mehr oder weniger engem Schwarmverband. Die Frage, ob dies auch auf ausgewachsene Piranhas zutrifft, konnte bis heute noch nicht befriedigend geklärt werden. Der Grund dafür liegt auf der Hand: Während sich Freiwasserbeobachtungen im Meer relativ einfach durchführen lassen, gestalten sich Tauchgänge in der warmen, lehmigen „Brühe" eines von Piranhas wimmelnden Tropenflusses deutlich problematischer.

Durch Aquariumsversuche des Freiburger Professors H. MARKL konnte festgestellt werden, daß bei der Jagd auf Fische stets eine „Rotte" einiger erwachsener Tiere zusammenarbeitet. Nach dem vorsichtigen Heranpirschen auf mindestens 25 Zentimeter stieß demnach der erste Piranha vor, um dem Fliehenden die Schwanzflosse abzubeißen. Der nächste Piranha trennte den Schwanzstiel ab, der dritte die Afterregion, usw. In wenigen Augenblicken starb der auf diese Weise „von hinten in Happen zerlegte" Beutefisch.

Die beschriebene Jagdmethode spricht also für den Zusammenschluß kleinerer Gruppen. Daß ausgewachsene Piranhas im natürlichen Lebensraum, wie oft beschrieben, in größeren Schwärmen umherziehen, ist ziemlich unwahrscheinlich. Realistischer ist nach den meisten bisherigen Beobachtungen und Untersuchungen eine Lebensweise in kleineren Gruppen, sogenannten „Rotten". Dies schließt jedoch nicht aus, daß sich an einer größeren Beute (z. B. Aas) in Sekundenschnelle die Piranhas eines größeren Umkreises in Massen zum „Freßschwarm" versammeln, um sich nach dem Fressen wieder zu zerstreuen.

Persönlich erlebte ich das Jagd- und Freßverhalten eines größeren Piranhaschwarmes während einer Fütterung im Zoo von Duisburg, wo ca. 50 Tiere verschiedenen Alters in einem ca. 4500 l fassenden Schaubecken gehalten werden.

Unmittelbar nachdem man als lebenden Futterfisch eine etwa 30 cm lange Regenbogenforelle in das Becken gegeben hat, beginnt der Angriff.

Sofort wenden sich zahlreiche Piranhas dem Futterfisch zu und stürzen ihm nach. Schon nach Sekundenbruchteilen hat ein Piranha der fliehenden Forelle mühelos ein etwa wallnußgroßes Stück Fleisch kurz hinter dem Kopf aus dem Rücken gebissen. Von der durch Jagdtrieb und Futterneid jetzt äußerst gereizten ersten Angreifergruppe werden der Forelle blitzschnell sechs, sieben wahllos über den Körper verteilte tiefe kreisrunde Bißwunden zugefügt. Die Piranhas greifen dabei buchstäblich von allen Seiten an. Die hintere Bauchregion wird aufgebissen. Hilflos — schon im Todeskampf taumelnd — gelingt der Forelle noch eine letzte instinktive Flucht. Dann erfolgt der fast gleichzeitige Angriff einer zweiten Gruppe von mindestens 20 bis 25 adulten (erwachsenen) und juvenilen (jungen) Piranhas. Es bilden sich Wolken aus Fleischfasern, Eingeweideteilen und deren Inhaltsstoffen, in welche immer mehr Piranhas hineinstoßen. Die Zahl der gleichzeitig angreifenden Tiere wird rasch so groß, daß Beutefischreste überhaupt nicht mehr zu sehen sind. Der Bodengrund ist aufgewühlt, das gesamte Beckenwasser ist trüb geworden.

Letzte Wolken des dunklen Darminhaltes und weiße Fleischfasern wirbeln auf. Einige Piranhas schießen suchend, um sich schnappend, im trüben Wasser umher. Nach etwa 20 bis 30 Sekunden ist der „ganze Spuk" vorbei, der Freßrausch klingt langsam ab, die Bewegungen der Tiere werden wieder langsamer, ruhiger. Von der Forelle ist nichts mehr übrig.

Die Beobachtung eines derartigen Piranhaangriffes gehört zweifellos zu denjenigen Naturschauspielen, die einen Eindruck hinterlassen, den man nicht wieder vergißt.

Beißbremse und Beutefisch-Mimikry

Obwohl Piranhas als Kannibalen auch bisweilen über Artgenossen herfallen, scheint unter gesunden Tieren eine Art „Burgfrieden" zu bestehen. Von entscheidender Bedeutung ist deshalb nachgewiesenermaßen das Erkennen des Artgenossen aufgrund seiner charakteristischen Merkmale:

▸ scheibenförmige und glänzende Körperformen
▸ artspezifische Färbung.

Das Vorhandensein beider Merkmale wirkt nachhaltig als „Beißbremse", schließt jedoch die erwähnten, im Freßrausch oder in den Laichzeiten auftretenden, Beißereien nicht aus. Da die mit den Sägesalmlern eng verwandten Mühlstein- und Scheibensalmler zum Teil eine sehr ähnliche Körperform und Färbung besitzen, bleiben auch sie in der Regel unbehelligt.

Als beeindruckendes Beispiel für die fast perfekte Mimikry (Tarnung und Täuschung) eines potentiellen Beutefisches verweist der bekannte venezolanische Ichtyologe (Fischkundler) Prof. Dr. MAGO-LECCIA (1978) auf die ebenfalls zu den Serrasalmidae zählende Art *Colossoma bidens.* Um vor Nachstellungen seiner „räuberischen Vettern" sicherer zu sein, imitiert diese Art nahezu perfekt die Körperform und Färbung der im Orinokogebiet sehr häufigen Piranha-Art *Serrasalmus notatus* (vgl. Abb. 8)

Natürliche Feinde

Den natürlichen Feinden in gewisser Weise übergeordnet, stellt der Mensch den Piranhas ständig mit allerlei Fangmethoden nach.

Darüber hinaus haben Piranhas in ihrem natürlichen Lebensraum den großen, leider immer seltener werdenden Fischotter[*] und vor allem die Kaimane zu fürchten. GERLACH (1950) zitiert einen aufschlußreichen Jagdbericht von KRIEG (1948), der in der La Plata-Region jagte und einen Piranha-Angriff mit unerwartetem Ausgang erlebte. Der an dieser Stelle zitierte Ausschnitt aus KRIEGS Jagdbericht beginnt, nachdem er einen Kaiman geschossen und diesem am Ufer die Flanke aufgeschnitten hatte.

---

[*] Brasilianischer Fischotter (Pteronura brasiliensis), größter Otter der Erde, bis 2,20 m lang (mit Schwanz), bis 24 kg schwer.

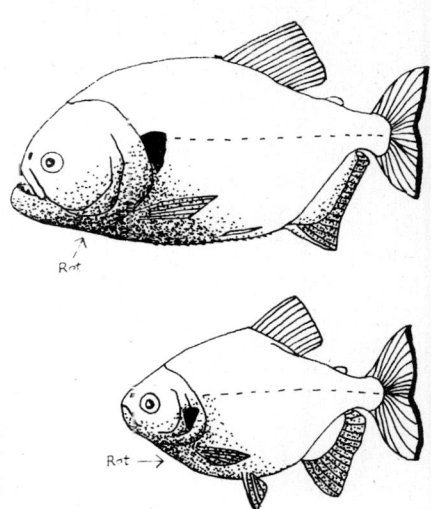

Abb. 8 Serrasalmus notatus und sein „Nachahmer", der Mühlsteinsalmler, Colossoma bidens (gezeichnet nach Fotos von MAGO-Leccia, 1978)

„Nach wenigen Minuten hatten sich Mengen von Palometas (Bezeichnung der Piranhas im La Plata-Gebiet, der Verf.) vom Blut im Wasser angelockt, um den toten Kaiman versammelt. Gierig schienen sie sich an dessen offener Flanke festzubeißen und Fetzen von Fleisch und Eingeweiden herauszuzerren. Es spritzte und brodelte, schnellte und riß im warmen Uferwasser, und oft blitzten die Leiber herausspringender Fische auf und fielen wieder klatschend zurück. Das alles wirkte auf die Kaimane wie ein Alarmzeichen. Schnurstracks kamen einige angeschwommen, die Augen über dem Wasser und fingen eifrig Palometas vom Kadaver ihres Artgenossen weg. Beim Zufassen bogen sie sich meist im Genick nach unten ab. Nur wenige fraßen die Fische an Ort und Stelle. Die meisten schwammen mit erhobenem Kopfe, einen zappelnden Fisch zwischen den Zähnen, ein wenig abseits, um ihre Beute in Ruhe zu verschlingen."

Fischfressende Vögel, wie zum Beispiel Reiherarten und Kormorane, bilden eine weitere Gruppe von Freßfeinden, die den Piranhas jedoch in erster Linie im Jugendalter gefährlich werden. Auch einige Wasserschildkrötenarten (z. B. Mata-Mata) können jungen Piranhas nachstellen. Die Dezimierung vor allem kranker und verletzter Tiere erfolgt zu einem gewissen Anteil durch Kannibalismus.

Zu den bemerkenswertesten „Piranha-Jägern" gehören jedoch zweifellos die Süßwasser-Delphinarten, die sich ebenfalls in den „Süßwassermeeren" der riesigen südamerikanischen Tropenströme Amazonas und Orinoko entwickelten. Zwei Exemplare des Orinoko-Delphins *(Inia geoffrensis)* werden derzeitig im Duisburger Zoo gehalten.

Während der Inia-Fangexpedition trafen der Duisburger Zoodirektor Dr. GEWALT und sein Fangteam auch auf Piranhas. Im Wasser stehend wurden die Delphinfänger von Piranhas häufig in die Hosenbeine gezwickt. Nur beim Zurücksetzen von in die Fangnetze geratenen und dann natürlich um sich schnappenden Piranhas wurden ihnen von diesen leichtere Verletzungen an den Händen beigebracht.

Auch vom Duisburger Fangteam wurde auf Piranhas geangelt. Peter Schulz, Angestellter des Duisburger Zoos berichtete, daß öfters „am Ufer liegende, frisch gefangene Piranhas urplötzlich scheinbar spurlos verschwanden". Schnell wurden jedoch die Verursacher dieses „Spuks" ausgemacht: Es handelte sich um etwa falkengroße Raubvögel, die es schnell fertig brachten, einen an der Angel zappelnden Piranha noch während des Einholens zu greifen und sich mit ihm in die Lüfte zu erheben. Diese Kuriosität wurde sogar auf Film festgehalten.

Schulz: „Plötzlich surrte dann die Rollenbremse los und wenn man Glück hatte, riß der Haken aus. . ."

Lebensraum und Ökologische Funktion

Südamerika mit seinen gewaltigen Stromsystemen bildet den natürlichen Lebensraum der Piranhas. Sie kommen im Orinoko und Amazonas sowie in deren meisten Nebenflüssen, in den Flüssen Guayanas, im brasilianischen Rio Sao Francisco sowie in den Stromgebieten des Rio Paraguay und Rio Paraná vor.

Nicht umsonst werden diese großen „Wasserkörper" von den ersten europäischen Entdeckern mit „Süßwassermeeren" verglichen. Allein der Amazonas bildet mit einem ca. 7 000 000 km^2 messenden Einzugsgebiet das größte Flußsystem der Erde. 2000 − 3000 mm Niederschlag fallen im Jahresmittel auf dieses Gebiet. Aus der Amazonasmündung fließen pro Sekunde etwa 200 000 Kubikmeter Wasser ins Meer (Elbe: ca. 750, Rhein: ca. 2370 Kubikmeter).

Weißwasserflüsse

Die meisten Piranhas leben in den sogenannten „Weißwasserflüssen" Südamerikas. Weißwasserflüsse sind Lehmwasserflüsse mit viel feinem, suspensiertem Material. Ihre Farbe wirkt wegen dieser mineralischen Trübungsstoffe (im wesentlichen Feinschluff und Tone in Korngrößen von 0,002 bis 0,00002 Millimetern) milchig-gelb-grau, oder im Bereich von Laterit-Böden (tropischer Rotlehme), vor allem bei Hochwasser, intensiv rot-bräunlich. Ein Kubikmeter solcher „Lehmflüsse", für die der Ausdruck „Weißwasser" kaum noch zutrifft, kann dann bis zu 1,5 Kilogramm mineralische Frachtstoffe enthalten. Im Niloberlauf wurden sogar vier Kilogramm ermittelt. LÜLING gibt für einen „normalen" südamerikanischen Weißwasserfluß eine Trockensubstanz von durchschnittlich 300 Milligramm pro Liter an.

Bei den meisten großen Weißwasserflüssen Südamerikas handelt es sich um Gewässer, die aus den erdgeschichtlich jungen Anden oder deren Ausläufern kommen. Ständig wird hier die Verwitterungskruste vom Regen abgewaschen und danach in Rinnsalen, Bächen, Flüssen und schließlich den Strömen bis ins Meer weiterverfrachtet. Aber nicht nur die Menge an Mineralstoffen, auch der Anteil an Härtebildnern und Pflanzennährstoffen (Salzen etc.) ist hoch. Die Entwicklung eines Phyto-Planktons als Quelle der Primärproduktion wird jedoch vor allem durch die Faktoren „schwache, ungenügende Durchlichtung" sowie „zu starke Strömung" erschwert.

Nach einer Messung von LÜLING (am 19.10.1967 mit einer weißen Secchi-Sichtscheibe) hatte zum Beispiel der Rio Madeira, oberhalb Porto Velho/Rondonia, nur eine Sichttiefe von 16 Zentimetern. In fünf Zentimeter Tiefe des Flußwassers waren noch 61 Prozent, in 30 Zentimeter Tiefe gar nur noch acht Prozent des Lichtes der Oberfläche vorhanden. Die Masse des Wasserkörpers eines Weißwasserflusses ist demnach dunkel oder völlig lichtlos. Dies erklärt die Armut, bzw. das Fehlen pflanzlichen Planktons und höherer Unterwasserpflanzen. Eigene Wasseranalysen ergaben, daß der pH-Wert meist um den Neutralpunkt liegt (pH: 6,5 − 7,5). Die Wassertemperaturen bleiben fast konstant zwischen 27 − 29° (Orinoko).

In den Mittel- und Unterläufen sind die Flußbetten der Weißwasserströme meist mehrere Kilometer breit, so daß sich in den Randzonen die Trübungsstoffe, abhängig von Strömung und Korngröße, streifenförmig ablagern. Dabei werden oft riesige (nach Grzimek, 1970), bis zu 100 Kilometer lange und 40 Kilometer breite Uferseen zeitweise (bis zum nächsten Hochwasser) vom Hauptstrom abgetrennt. Der spanische Name für diese Randzone ist „Varzea". Die Trübstoffe setzen sich darin so weit ab, daß das Sonnenlicht oft mehrere Meter in deren warmes Wasser (27 − 35° C) eindringen und dadurch das Wachstum höherer und niederer Pflanzen, der Voraussetzung einer Nahrungskette bis hin zu Raubfischen, wie den Piranhas, überhaupt erst ermöglichen kann.

Auch der zu den Knochenzünglern gehörende und mit einem Gewicht von maximal 120 Kilogramm und 2 bis 2,5 Meter

Länge größte Süßwasserfisch der Erde, der Arapaima (*Arapaima gigas*) lebt und laicht in diesen Randseen. Sie sind voller Leben, beherbergen die verschiedensten Formen fast aller Organismengruppen bis hin zum Süßwasserdelphin Inia. Jede Art findet hier ihre spezielle „ökologische Nische". Die Oberfläche ist in den Uferbereichen oft von verschiedenen Schwimmpflanzenarten, zum Beispiel der berühmten *Victoria regia*, bedeckt. Typische Weißwasserströme sind der Amazonas, der Orinoko (Farbfoto 17), der Paraguay-Parana und Uruguay.

Schwarzwasserflüsse

Die Schwarzwasserflüsse entspringen in Urwaldsümpfen des Tieflandes. Sie durchfließen langsam ausgedehnte waldbestandene Ebenen. Die Wurzeln der im Wasser stehenden Bäume sowie herabgefallene, verrottende pflanzliche Substanz entziehen dem Schwarzwasser den ohnehin nur spärlich vorhandenen Sauerstoff. Der Sauerstoffgehalt beträgt bei Schwarzwasserflüssen des Orinokogebietes nur noch 0,003 ppm (parts per million = Teile auf eine Million). Bedingt durch diesen starken Sauerstoffmangel wird einfallendes organisches Material (Blätter, Äste etc.) von den wenigen hier vorkommenden Bakterien nur unvollständig ab- bzw. umgebaut. Statt der im alkalischen Bereich üblichen wasserunlöslichen großen Humusmoleküle entstehen hier nur äußerst kurze, wasserlösliche „praehumine" Verbindungen. Diese werden von dem häufigen Regen auch leicht aus den charakteristisch-schneeweißen Sandufern der Schwarzwasserflüsse ausgeschwemmt (vgl. hier auch VARESCHI, V., 1971).

In einem Glas ähnelt Schwarzwasser in der Färbung stark verdünntem, schwarzem Tee; im Flußbett wirkt es dunkelbraun bis schwarz; was letztlich auch zum Namen Schwarzwasserfluß, bzw. Schwarzwasserstrom, führte. Die Sichttiefe beträgt je nach Stärke der Huminstofffärbung etwa 50 Zentimeter bis drei Meter. Wegen fehlender Erosionswirkung enthalten Schwarzwasserflüsse auch so gut wie keine mineralische Sedimentfracht oder gelöste Salze. Zusätzlich herrscht außerordentlicher Mangel an Kalk und anderen Elektrolyten, Spurenelemente sind hier Kalzium und Magnesium (nur minimale elektrische Leitfähigkeit). Infolge der großen Menge an Huminsäuren, die nicht durch Härtebildner abgepuffert werden, ist das Schwarzwasser sehr sauer. Im Hauptfluß des Rio-Negro maß man pH-Werte um 4, in seinen Nebenflüssen sogar pH-Werte von 3,7. Im Rio Carrao (Farbfoto 16) und Rio Caroni (bei Canaima, Venezuela) ergaben eigene Messungen pH-Werte um 4,5 − 5.

Der brasilianische Rio Negro ist das beste Beispiel für einen größeren Schwarzwasserfluß. Ohne eigentliche Quellen zu besitzen, entspringt er aus versumpften Palmenhainen Kolumbiens. Seitlich des eigentlichen Flußbettes überschwemmt der Rio Negro zur Hochwasserzeit eine viele Kilometer breite Talaue. Der Wasserstand kann dann zehn Meter über dem Normalniveau liegen. Der in dieser Talaue wachsende Sumpf- oder Überschwemmungswald (Igapo) hat sich völlig diesem ungewöhnlichen Lebensraum angepaßt. Fast dauernd stehen die Wurzeln im sauerstoffarmen Wasser, und selbst während vielleicht monatelanger totaler Überflutung verlieren die Bäume nicht ihre Blätter.

Im Schwarzwasserfluß fehlt infolge hoher Säuregrade und der geringen Durchlichtung weitgehend eine Photosynthese und damit der Anfang einer Nahrungskette. Auch die tierische Besiedlung ist deshalb gering. Nur wo aus Nebenflüssen Weißwasser zufließt, werden die Lebensbedingungen für Algen, Bakterien und natürlich auch Fischarten günstiger. LÜLING schreibt dazu: „Ich bin sicher, daß dort, wo in unseren Fischfaunenlisten die ungenaue Angabe 'Rio Negro' steht, in den meisten Fällen ein Gebiet solcher Mischwasserzonen als Fangort vorgelegen hat."

Wo sich Schwarz- und Weißwasserflüsse vermischen, kommt es meist zu eindrucksvollen, oft beschriebenen und fotografierten, sich drehenden, wolkenartigen Formen. Die berühmteste und größte dieser Mischzonen ist die Einmündung des Rio Negro in den Amazonas. Bis zur endgültigen Vermischung läßt sich die Trennlinie zwischen Schwarz- und Weißwasser ab Manaos noch ca. 80 Kilometer amazonasabwärts verfolgen! Auch Piranhas kommen in dieser Mischwasserzone vor.

Klarwasserflüsse

Klarwasserflüsse entspringen meist aus erdgeschichtlich alten, im Palaeozoikum (Erdaltertum) enstandenen Gebieten. Da sie nicht in der Lage sind, aus den dort anstehenden Graniten oder Gneisen nennenswerte Frachtmengen zu lösen, ist ihr Wasser klar-durchsichtig. Bei Überschwemmungen können sie deshalb auch fast keine Sedimentstoffe ablagern, bilden auch keine Randseen aus. Das Flußbett bleibt selbst bei Hochwasser unveränderlich. Obwohl oft verhältnismäßig nährstoffarm, sind Klarwasserflüsse auf Grund ihrer starken Durchlichtung (sieben Meter und mehr!) voll pflanzlichem und tierischem Leben. Neben Seerosengewächsen (Cabomba) gedeihen üppig verschiedenste Unterwasserpflanzen, dazu eine kaum vorstellbare Menge an Kleinfischen, zum Beispiel Zwergbuntbarsche und Salmlerarten.

Die jährlich auftretenden großen Wasserstandsschwankungen von bis zu sieben Metern, die eine normale Ufervegetation nicht verkraften kann, sind auch der Grund dafür, warum Klarwasserflüsse wie Rio Xingu oder Rio Tapajos von kilometerlangen, fast sterilen weißen Sandufern begleitet werden. Die pH-Werte der Klarwasserflüsse können variieren zwischen 5,5 und 7. Bei zeitweisem Zurückgehen der Strömung besonders in den Unterläufen kann es in ihnen auf Grund massenhafter Vermehrung von Grünalgen, insbesondere aber von Blaualgen der Gattung *Anabaena*, zur sogenannten „Wasserblüte" kommen. Piranhas sind selten, kommen meist nur in den trüben Mündungsbereichen vor, wo sich Klarwasser und Weißwasser vermischen.

Anpassung und Funktion im Ökosystem der südamerikanischen Tropenflüsse

Wie schon erwähnt, sind die Wasserschwankungen der Flüsse in den feucht-warmen Tropen trotz ständiger Niederschläge oft erheblich. Am unteren Amazonas, wo sich die Unterschiede schon merklich verringern, betragen sie immerhin noch etwa sechs bis zehn Meter, im mittleren Abschnitt zehn bis 16 Meter. Auch in seinen Nebenflüssen machen sich die regelmäßigen jahreszeitlichen Niederschlagsschwankungen bemerkbar. Der Fluß bildet dann neue Arme, Verzweigungen, große Randseen und Uferlagunen. Nach jedem Hochwasser stellen sich so Veränderungen in den Wassertiefen, an den Ufern und zuweilen auch in den einzelnen Flußarmen ein. Uferparallele Senken, die sich bei einem Hochwasser manchmal auch schon allein durch das dann allgemein steigende Grundwasserniveau mit Wasser füllen, aber auch die direkt vom Fluß aufgefüllten Randseen und Senken trocknen in der regenärmeren Periode nicht immer restlos aus.

Die in diesen stehenden Gewässern dann regelrecht aufgefangenen Fische werden dort zusammengedrängt. Daß ein auf diese Weise eingeschlossener Schwarm Piranhas bei der dann auch einsetzenden Nahrungsknappheit im Gewässer aggressiver und für Mensch und Tier gefährlicher wird als im Normalfall, ist völlig logisch. Manches Pferd oder Rind, dem an der Tränke von Piranhas Stücke aus den Lippen gebissen wurden, hatte seinen Durst nichtsahnend an einer solchen, von eingeschlossenen hungrigen Piranhas wimmelnden „Laguna" stillen wollen. Auch andere Berichte über die „Mörderfische" sollten gerade in Hinblick auf dieses beschriebene Phänomen einer genaueren Überprüfung unterzogen werden!

Die Wassertemperaturen liegen in tropischen Strömen fast ausnahmslos zwischen 26 und 30 Grad Celsius. Die zwischen Tag und Nacht auftretenden Schwankungen betragen weniger als ein Grad. Alle chemischen und biologischen Stoffkreisläufe und damit die Lebensprozesse sämtlicher Wasserorganismen

Farbfoto 1 Trotz Unschärfe spektakulär: *Serrasalmus nattereri* bei der Brutpflege, das „Laichnest" (Mitte) bewachend.

Farbfoto 2 *Serrasalmus nattereri*, Jungtier mit Rotfärbung

Farbfoto 3 und 4 Fütterung von Serrasalmus-Jungfischen

Farbfoto 5 Erwachsenes Exemplar von *Serrasalmus nigricans*, ohne Rotfärbung

Farbfoto 6 Der „Rote Piranha" Venezuelas aus dem Orinoko: *Serrasalmus notatus* (230 mm), wahrscheinlich eine nur im Orinokosystem vorkommende (endemische) Art.

Farbfoto 7 Wahrscheinlich *Serrasalmus notatus* (Schwärzling) aus dem Rio Apure

Farbfoto 8 *Serrasalmus rhombeus* oder
S. sphilopleura (220 mm)

Farbfoto 9 Jungfische von *Serrasalmus notatus* werden zeitweilig gefürchtet

Farbfoto 10 Wahrscheinlich *Serrasalmus rhombeus*, junges Exemplar

Farbfoto 11 Durch Artgenossen stark zerbissenes Exemplar

Farbfoto 12 Überaus leicht zu fangen, stellt der Piranha in seiner Heimat eine immer verfügbare, wichtige zusätzliche Nahrungsquelle dar.

Farbfoto 13 Lebendes Exemplar von *Serra-salmus nattereri*

Farbfoto 14 Präpariertes Gebiß mit abge-trennten Lippenhäuten

Farbfoto 15 Getrockneter „Souvenir-Piranha" in beliebter Horrorausführung

Farbfoto 16   Schwarzwasserfluß (Rio Carrao) mit geringen Piranha-Vorkommen

Farbfoto 17   Abendstimmung am Piranha-Biotop Orinoko. Der Tropenstrom hat hier bei Caicara eine Breite von ca. 3 Kilometern.

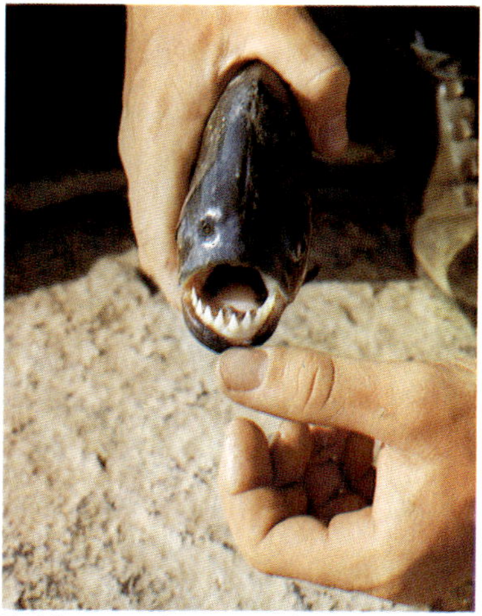

Farbfoto 18 und 19   Vorsicht bei frisch gefangenen Piranhas!

Farbfoto 20   Piranha-Schicksal: Beißen und gebissen werden

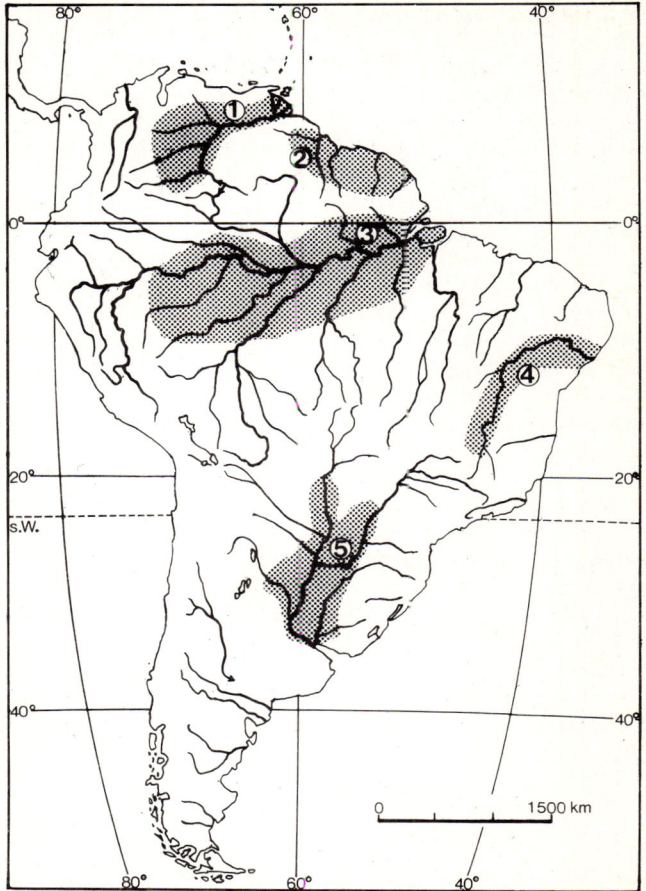

Abb. 9 Piranha-Lebensräume in Südamerika
1. Orinoko-Gebiet; 2. Guayana-Region; 3. Amazonas-Gebiet; 4. Gebiet des Rio Sao
Francisco; 5. Gebiet des Rio Paraguay und Rio Paraná

von der Alge bis zum Fisch werden durch diese gleichmäßig hohe Wärme verstärkt und beschleunigt. Als bildhafter Vergleich für die hohen Temperaturen, unter denen ständig alle Lebensprozesse hier ablaufen, möge das stets voll durchgetretene Gaspedal eines Autos dienen.

Die starke Wärme führt zu Stoffwechselgeschwindigkeiten, die etwa vier- bis fünfmal größer sind als in den Flüssen Mitteleuropas. GRZIMEK (1970) führt dazu aus, daß beispielsweise die Eientwicklung bei tropischen Salmlern (Familie Characidae) nur rund 48 Stunden, bei den verwandten Karpfenfischen (Cyprinidae) europäischer Gewässer im Durchschnitt aber sechs bis acht Tage dauere. Die hohen Temperaturen der Tropen sorgen ebenfalls dafür, daß alle Nährstoffe, die durch Zersetzungsvorgänge frei werden oder vom Land ins Wasser gelangen, hier entweder gar nicht oder nur ganz vorübergehend in Erscheinung treten, da die Lebewesen sie sofort wieder aufnehmen und einbauen.

Die Gezeiten des Atlantiks sind im Amazonas noch 800 Kilometer flußabwärts durch stetig steigenden und fallenden Pegel zu spüren. Aber daneben gibt es noch ein Phänomen, das die Indianer ehrfürchtig „Amacunu" (Wasserwolkenlärm) nennen, weil sie es als Naturwunder des Amazonas am wenigsten begreifen: die regelmäßig wiederkehrende, oft mehr als fünf Meter hohe Flutwelle. Zweimal im Monat, zu Neumond und Vollmond, prallen die Wassermassen des Riesenstromes weit draußen auf See gegen die dann landwärts rollende Springflut: Der Amazonas kehrt sich gegen sich selbst mit einer brüllenden, gewaltigen Wasserwand, der „Pororoca". Auch HOFFMANN (1952) beschreibt die „große Flut" als Naturwunder:

„Periodisch verkehrt das Wasser seine Richtung, wenn der Atlantik einströmt und die Amazonaswasser vor sich hertreibt und drückt und schiebt. Dann fließt der Amazonas bis zu 700 Kilometer landeinwärts. Plötzlich steigt der Spiegel, die schwimmenden Inseln, Bäume, Schiffe stehen für einen Augenblick still und werden alsdann rasch nach Westen davongeris-

sen. Die Dampfer suchen eilends in der Mündung des nächsten Nebenflusses Schutz.

Immer stärker widerstreben die Süßwassermassen der andrängenden Salzlauge, immer gewaltsamer suchen sie einen Ausgleich, bis die zusammengepreßte Masse explodiert. In einem ungeheuren Zusammenprall steigen die Wasser in Gestalt einer Mauer sechs bis acht Meter über dem Hochwasserspiegel gen Himmel, donnernd fallen sie nieder, um abermals aufzusteigen und donnernd zurücksinken. So fünf- bis sechsmal. Das ist die sogenannte Pororoca, die Meeresüberflutung des Amazonastieflandes. Sobald Ruhe eintritt, ist das Land auf beiden Ufern kilometerweit überschwemmt. Von den wenigen Menschen, die diese Ufer bewohnen, haben wohl einige den Tod gefunden, von den Haustieren sind einige umgekommen, ein paar Häuser sind zertrümmert worden oder davongeschwemmt, hie und da hängt ein Boot in den Kronen einer Baumgruppe. Bald liegt das Schwemmland wieder unter der bleigrauen Wolkenschicht, aus welcher pünktlich zu ihrer Stunde die warmen Regen herniedergehen."

So bildhaft die große, zyklisch wiederkehrende Flutwelle hier geschildert wird, eine Tatsache wurde nicht erwähnt: Zwar kommen Haustiere, manchmal sicher auch Menschen zu Tode. Die Hauptmasse der Flutopfer bilden jedoch seit den Jahrtausenden, in denen die „Pororoca" auf die Stromlandschaft einwirkt, immer wieder unzählige Wildtiere. Sie werden am Ufer, in ufernahen Baumwipfeln oder sogar am oft kilometerweit vom Strom entfernten Waldboden von den vernichtenden Wassermassen erfaßt.

Wenn dann in dieser, wie beschrieben, auf Hochtouren laufenden „Bio-Maschinerie" eine Katastrophe wie die Pororoca plötzlich sehr viele tote Tiere zusätzlich ins Wasser befördert, wäre der Ausbreitung von Seuchen durch die hier dann massenhaft verwesenden Kadaver Tür und Tor geöffnet. Doch gerade dem Piranha, auch in der ökologischen Nische des Aasfressers stehend, fiel bei diesem speziellen, zyklisch das Gleichgewicht der südamerikanischen Tropenflüsse bedrohenden Phänomen der „großen Flut", die Aufgabe zu, als die einzige schnell agierende Gesundheitspolizei, die Gewässer zu reinigen. Mit großer Regelmäßigkeit halten sich Piranhas an den langsam fließenden Flußbereichen, in „toten Armen" oder auch in den stehenden Gewässern auf, die nur zeitweise mit dem Strom in Verbindung stehen.

Natürlich greifen Piranhas auch lebendige, bisweilen kranke, lebensuntüchtige oder verwundete Kreaturen an. Dies wird allzuoft in immer wieder neuen Varianten geschildert. Ihre andere, ökologisch wichtige Funktion fiel dabei jedoch weitgehend „unter den Tisch der Sensationsberichterstattung". Als Aasfresser säubern sie die Gewässer von jedem toten Geschöpf, lange bevor es im warmen Wasser verwesen kann. Und gerade diese überaus wichtige Rolle der Sägesalmler im Ökosystem der südamerikanischen Flüsse und Ströme ist in der breiten Öffentlichkeit bisher kaum mit der nötigen Eindringlichkeit beschrieben worden.

Auch eine sich in diesem Zusammenhang vielleicht einstellende Assoziation zu den landlebenden Aasverwertern ist deshalb nicht aus der Luft gegriffen. Einmal bei einem solchen Vergleich angelangt, könnte man die Piranhas auf Grund ihrer bioökologischen Funktion durchaus als „Hyänen oder Geier des Süßwassers" bezeichnen. In der Tat vereinen Piranhas in sich unterschiedliche Verhaltensweisen von beiden terrestrischen (landlebenden) Aasfressern: Wie Hyänen jagen Piranhas bisweilen einzeln oder in Kleingruppen. Und wie diese ernähren sie sich nicht nur von Aas, sondern greifen darüber hinaus auch alles Verletzte, Kranke, Schwache, Lebensuntüchtige an. Wie die Aasvögel treten sie am Fraßplatz oft in größeren Schwärmen auf und verwerten als Gesundheitspolizei alles − bis auf das Skelett.

Wenn sich die Piranhas in den Ökosystemen der südamerikanischen Tropenflüsse als leistungsfähige Gesundheitspolizei entwickelten, so bleibt die Frage zu klären, weshalb sie beispielsweise in den feucht-warmen Tropen Afrikas fehlen. Grundvoraussetzungen scheinen dort gleich oder ähnlich gegeben zu sein: feucht-warmes, tropisches Klima (und die damit verbundene, auf Hochtouren laufende Bio-Maschinerie); ein gewaltiges Flußsystem bildender Riesenstrom (Kongo), der ein regenwaldbestandenes Becken durchfließt und sich mit einer gemittelten Wasserführung von 40 000 Kubikmeter pro Sekunde ins Meer ergießt.

Den Hauptunterschied zu den südamerikanischen Beckenlandschaften bilden die Reliefverhältnisse. Während der Amazonas in 3500 Kilometer Entfernung der Mündung auf einer Höhe von nur 150 Metern über dem Meeresspiegel fließt, liegt das Innere des Kongobeckens im Durchschnitt auf 400 Meter Höhe. Hochwasser kann sich bei derartigem Gefälle nicht in so verheerendem Maße auswirken. Es fehlt die in Südamerika seit erdgeschichtlichen Zeiträumen periodisch einsetzende „aasproduzierende" Flutkatastrophe.

Die mögliche Erklärung für das Fehlen von Piranhas im tropischen Afrika lautet damit schlicht und logisch: Die Entwicklung einer spezialisierten Unterwasser-Gesundheitspolizei war gar nicht nötig und unterblieb.

Haltung und Pflege

Die Haltung von Fischen in Gefangenschaft ist ein uralter Brauch. Schon die alten Römer hielten vor zweitausend Jahren Fische in speziellen, oft teichartig angelegten Becken. Aber nicht der schöne Anblick der Fische, sondern eher die Gaumenfreude an Frischfisch bestimmte das Tun der antiken Fischhalter. Zeitgenössische römische Geschichtsschreiber berichteten auch von damaligen, zum Teil makabren „Haltungspraktiken": Um beispielsweise das Fleisch von Muränen (im Mittelmeer verbreitete, aalartige und giftige Raubfische) besonders zart zu machen, wurden zu deren Fütterung regelmäßig lebende Sklaven in die Muränenbecken gestoßen. . .!

Eine Fischhaltung unter primär ästhetischen Gesichtspunkten in Glasbehältern und Aquarien begann im alten China, wo der Goldfisch in groteske Formen „verzüchtet" wurde. In Europa gibt es Aquarien erst seit Beginn des 19. Jahrhunderts. Zu den ersten öffentlichen Schau-Aquarien gehörten die ebenfalls im 19. Jahrhundert eröffneten Aquarien in London und Paris.

Heute ist die Haltung und Beobachtung von Zierfischen (Aquaristik) auf der ganzen Welt zu einem sehr verbreiteten Hobby geworden, dessen Anhänger (Aquarianer) sich vielerorts auch in Vereinen organisieren und zum Teil Fachzeitschriften herausgeben.

Immer stärker wächst heutzutage das Interesse an tropischen Zierfischarten und deren spezieller Haltung. Im folgenden soll die Haltung und Pflege von Piranhas behandelt werden, die erst in jüngerer Zeit als „beschuppte Haustiere" auch den Weg in unsere Heimaquarien gefunden haben. Mittlerweile ist das Interesse von privaten Liebhabern an Sägesalmlern derart stark geworden, daß manche Fischhändler bei der Beschaffung sogar in Schwierigkeiten geraten, weil sie die ständig steigende Nachfrage nicht immer mit genügend „Piranha-Nachschub" decken können.

In der Regel werden Piranhas als etwa markstückgroße, silbrig-schwarzgepunktete Jungfische auch im Handel angeboten. Meist handelt es sich bei den angebotenen Tieren um importierte Wildfänge aus dem Orinoko- und Amazonasgebiet, die über holländische Zwischenhändler in den bundesdeutschen Zoofachhandel und von dort in Privathand gelangen. Während die Arten *Serrasalmus (Rooseveltiella) nattereri* bzw. *S. nigricans* recht häufig in den Handel kommen, sind andere Arten wie *Serrasalmus rhombeus, Serrasalmus (pygocentrus) piraya* etc. entweder höchst selten oder gar nicht zu bekommen.

In den USA wurde verschiedentlich ein völliges Einfuhrverbot für Piranhas erwogen. Man befürchtete, daß die Tiere in freier Natur ausgesetzt werden und dort eventuell der veränderten Umwelt angepaßte Populationen entwickeln könnten. Diese Befürchtung erwies sich jedoch als unbegründet, da Piranhas anscheinend ganz spezielle Fortpflanzungsbedingungen benötigen (vgl. Kapitel „Zucht").

Piranhas im heimischen Aquarium

Seit vielen Jahren werden meine Aquarien von Piranhas bewohnt. Auf Grund der dabei gesammelten Erfahrungen können etliche, immer wieder auftauchende falsche Behauptungen über die Haltung der „Wasserbestien" getrost ins Reich der Fabel verwiesen werden. Die wichtigsten Tips zur erfolgreichen Haltung von Piranhas, sowie die dafür notwendigen Voraussetzungen sollen im folgenden kurz zusammengefaßt werden.

Beckengröße

Um neu erstandenen Piranhas einen genügend großen Lebensraum zu bieten, sollte man gerade in punkto Beckengröße nicht auf den Geldbeutel schauen. Auch wenn die Tiere zuerst nur etwa zwei bis vier Zentimeter messen sollten, sei hier auf deren anfänglich überaus rasches Wachstum verwiesen. Alle Becken unter 100 Liter Inhalt sind deshalb für die Haltung ungeeignet!

Die einfache Regel lautet vielmehr: je größer das Becken, desto besser. Ein genügend großer Schwimmraum gewährleistet gesunde, normal entwickelte Tiere, die unter günstigsten Bedingungen sogar mit dem Laichgeschäft beginnen.

Wasserverhältnisse und Filterung

Im Piranha-Becken sollten die Wassertemperaturen normalerweise zwischen 24 und 27° C liegen. Günstig ist eine durchschnittliche Temperatur von + 26° C. Die im Handel erhältlichen Temperaturregler regeln die Heizungsfunktion und sorgen für eine fast konstante Wassertemperatur.

Hinsichtlich des Wasserchemismus scheinen Piranhas erstaunlich hart zu sein. Obwohl für ihre Haltung weiches, leicht saures Wasser mit einer Gesamthärte von 5 − 10° dGH und einem pH-Wert von ca. 6,5 allgemein empfohlen wird, laichten (nach HONEGGER, 1971) im Zoo Zürich gehaltene Tiere auch in weit härterem Wasser (18 − 19° dGH). Ohne Schaden werden auch höhere, sogar über dem Neutralpunkt 7 leicht im basischen Bereich liegende pH-Werte um 8,5 ertragen.

Den Tropenverhältnissen ähnlicheres, weiches und leicht angesäuertes Wasser erhält man beispielsweise durch Filterung über Torf oder Zugabe von in flüssiger Form erhältlichen Torfextrakten bzw. Eichensäure. Die Filterung sollte über leistungsfähige Außenfilter erfolgen. Wenn der Wasserzulauf durch ein über der Wasseroberfläche angebrachtes „Spritzdüsenrohr" erfolgt, kann in der Regel auch auf eine zusätzliche Durchlüftung verzichtet werden.

Lichtverhältnisse

Piranhas sind von Natur aus sehr scheue, nervöse und überaus schreckhafte Fische. Bei einer zu grellen Beckenbeleuchtung verstärken sich die genannten Charaktereigenschaften deutlich.

Empfehlenswert ist deshalb eine Haltung bei leicht gedämpften Lichtverhältnissen. Dies kann zum Beispiel erreicht werden durch die Verwendung von sogenannten Warmlicht-Leuchtstoffröhren, Mattglas-Abdeckscheiben oder Kultivierung einer dichten Schwimmpflanzendecke.

Beckenbepflanzung und Beckengestaltung

Obwohl Piranhas manchmal Wasserpflanzen zerbeißen, spricht nichts gegen eine gute, stellenweise dichte Beckenbepflanzung; eher das Gegenteil ist der Fall. Mit Sicherheit trägt eine dichte Bepflanzung sogar entscheidend zum Wohlbefinden der schreckhaften Tiere bei. Immer wieder flüchten sich selbst ausgewachsene Fische bei „Gefahr" in Pflanzendickichte.

Derartige Pflanzendickichte sollten günstiger an der hinteren bzw. seitlichen Beckenwand angelegt werden, um im vorderen Bereich besser beobachten und füttern zu können. Stets ist auf einen ausreichend großen Schwimmraum (ca. dreiviertel des Beckens) zu achten. Bewährt haben sich unter anderem die Unterwasserpflanzen: Javafarn *(Microsorium pteropus)*, Quellmoos, Echinodorus, Cryptocoryne, Aponogeton, Vallisneria.

Für die Schwimmpflanzendecke kommen in Abhängigkeit von den herrschenden Lichtverhältnissen unter anderem folgende Arten in Frage: Wasserlinsen *(Lemna minor)*, Algenfarn *(Azolla spec)*, Schwimmfarn *(Salvinia natans)* etc.

Auch Moorkienwurzeln dienen nicht nur zu Dekorationszwecken, sondern bieten zusätzlich Versteckmöglichkeiten. Sie sollten jedoch vor dem Einbringen in das Aquarium gründlich ausgekocht werden. Etwaige Krankheitskeime werden hierdurch abgetötet, und das Vollsaugen der Wurzeln macht eine spätere zusätzliche Beschwerung meist überflüssig.

Besatz und erste Beobachtungen

Erst nach Abschluß aller notwendigen Vorarbeiten sollte mit dem Fischbesatz des Aquariums begonnen werden. Wichtig ist vor allem eine vorherige Kontrolle der Wassertemperatur, bzw., ob diese auf den gewünschten 25 − 26° C konstant bleibt.

Um einen Temperaturschock zu vermeiden, muß die noch geschlossene Plastiktüte mit dem frisch erstandenen lebenden

Inhalt zuerst 15 Minuten in das Becken eingehängt werden, um einen Temperaturausgleich zu ermöglichen. Erst dann können die Piranhas aus dem engen Transportgefängnis entlassen werden. Aber Vorsicht bei größeren Piranhas, die ohne Schwierigkeiten Transporttüten und Fangnetze zerbeißen können! Für ihren Transport eignet sich besser ein großer, verschließbarer Eimer, dessen Wasser durch spezielle Tabletten mit Sauerstoff angereichert werden sollte. In jedem Fall sollte auch auf eine genügende Wärmeisolierung (z. B. durch Zeitungspapier) geachtet werden. Da ältere Piranhas auch jedes Fangnetz zerstören, benutze ich zum Ein- oder Umsetzen solcher Tiere seit Jahren mit Erfolg einen durchlöcherten Plastikeinsatz eines Köderfischeimers, wie er für Sportangler angeboten wird.

Frisch eingesetzt, werden die Piranhas in der Regel zuerst ziellos umherschießen oder sich in das nächste Pflanzendickicht hineinflüchten. Vor allem bei Jungtieren ist auch ein fast perfekt gespieltes Totstellen zu beobachten, indem sie sich flach auf den Grund legen. Von dieser Verhaltensweise machen die Tiere zum Teil auch nach der ersten Eingewöhnungszeit noch Gebrauch, sobald im Becken die Hand des Pflegers herumhantiert. Schon nach wenigen Stunden werden zum Beispiel von Jungtieren der Art *S. nattereri* regelrechte Reviere abgesteckt, die auch gegenüber anderen Eindringlingen wütend verteidigt werden. Selbst umhertreibende Pflanzenteilchen werden attackiert.

Genau wie ältere Tiere, beherrschen auch junge Piranhas gut das arteigene Repertoire an Droh- bzw. Beschwichtigungs- und Demutsgebärden. Tritt beispielsweise durch eine schnelle Handbewegung vor dem Becken eine für die Tiere vermeintliche Gefahr auf, stieben sie anfangs wild auseinander, um sich im nächsten Moment jedoch zu einem dichten Schwarm im Mittelwasser zusammenzuschließen. Mit schräger, etwas nach unten geneigter Schwimmhaltung, „hängender" Schwanzflosse und heftig fächelnden Brustflossen stehen sie in zentimeternahem Abstand. Zusätzlich wird die gesamte Körperachse etwas verkrümmt. Die Jungfische nehmen dadurch eine „verkrampft" wirkende Körperhaltung ein, bereit, im nächsten Moment in wilder Flucht davonzuschießen.

Es liegt sehr nahe, daß auch in freier Natur bei Gefahr (z. B. dem Auftreten von Freßfeinden) dieselben Verhaltensweisen und „Tricks" ausgelöst bzw. angewendet werden, da sie sich auch hier als äußerst wirkungsvoll erweisen. Fast immer stehen nämlich Raubfische einem dichten Schwarm aus potentiellen Futterfischen hilflos gegenüber. Sie müssen sich auf eine Einzelbeute konzentrieren können. In einem dichten, sich gleichmäßig bewegenden Schwarm sehen sie in der Regel „vor lauter Wald die Bäume nicht". Diese Reizüberflutung kann einen Räuber so verunsichern, daß kein Angriff erfolgt. Einmal aus dem sicheren Schwarmverband herausgesprengt, bleibt dem Jungfisch jedoch nur noch die panische Flucht; in die Enge getrieben, erfolgt das „Totstellen".

Ganz problemlos scheint aber gerade der engere Schwarmkontakt für die Jung-Piranhas nicht zu sein. Wenn schon im Normalfall bei engeren Kontakten eine Drohung oder ein Scheinangriff erfolgt, so ist es nur logisch, daß dies besonders auch im erregten Zustand (hier: Angststreß) der Fall ist. Nachdem sich die Lage beruhigt hat, kommt es deshalb zu einem Umschlag des Verhaltens. Jedes Tier sucht schnell Distanz, der „enge Schwarm" löst sich auf. Sofort werden wieder die alten Revierplätze unter Wurzeln und überhängenden Wasserpflanzenblättern eingenommen.

Während die Tiere bei Gefahr also offensichtlich in einem dichten „Angstschwarm" Schutz suchen, scheinen sie ansonsten eine größere Distanz, einen persönlichen Sicherheitsabstand zum Artgenossen vorzuziehen.

Am besten lassen sich die Tiere in den ersten Wochen und Monaten abends beobachten, da sie dann Bewegungen außerhalb des Beckens nicht mehr wahrnehmen und ihre Scheu verlieren.

Fütterung

Junge Piranhas schnappen prinzipiell nach allem, was im Wasser umhertreibt und Futterbrockengröße besitzt. Neben Trockenfutter sollte in den ersten Wochen und Monaten der Eingewöhnung vor allem Lebendfutter in Form von Tubifex (Bachröhrenwürmer) und roten Mückenlarven oder auch schon geriebenes Rinderherz gefüttert werden.

Entkommene Röhrenwürmer, die sich hin- und herwindend wieder aus dem Bodengrund hervorwagen, werden zuerst mit schräger Körperhaltung beäugt und nach diesem „Maßnehmen" wütend herausgezerrt. Im freien Wasser umherzuckende Mückenlarven werden durch wilde, ruckartige Vorstöße „überwältigt", die fast ansatzlos aus der normalen Schwimmbewegung heraus erfolgen. Oft schießen Jung-Piranhas bei der Fütterung auch an die Wasseroberfläche empor, um nach dort treibenden Mückenlarven zu schnappen. Das Herunterschlucken der zappelnden Beute erfolgt meist unter heftigen Schüttelbewegungen.

Dieselben Schüttelbewegungen lassen sich beobachten, wenn die ersten Fisch- und Fleischbrocken angenommen werden. Wegen ihres Nährwertes und Vitamingehaltes eignen sich hierzu besonders Herz und Leber. Um Kalkmangel-Erscheinungen zu verhindern, sollten auch so oft wie möglich Süß- oder Seewasserfische (z. B. Karauschen, Sprotten) verfüttert werden.

Die Fische oder Fleischstücke können an einer bestimmten Stelle einfach eingeworfen oder an einen Faden gebunden ins Becken hinabgelassen werden (Farbfoto 3, 4). Die Fadenmethode bietet dabei den Vorteil, daß man das Futter stets in der günstigsten Position (etwa fünf bis zehn Zentimeter über dem Bodengrund) an exakt derselben Stelle anbieten kann.

Sobald der Futterbrocken wahrgenommen worden ist, wird er von allen „belauert". Bald schießt das erste Tier hervor. Dann läuft alles blitzschnell ab. Ohne Umwege wird die „Beute" angegangen. Der junge Piranha beißt sich daran fest und führt mit

60

dem Körper die blitzschnellen heftigen Schüttelbewegungen aus. Das Vorschießen, Festbeißen, Schütteln und Abtrennen eines Happens dauert nur Sekunden. Zurück bleibt nur ein sauberes, halbkugelförmiges Loch im Futterbrocken.

Das Vorstürmen und Fressen des ersten wirkt auf alle anderen meist wie ein Signal. Sofort stürzen auch sie sich aus der Deckung und holen sich, vom Futterneid angereizt, ihren Anteil. Sogar das Licht von mehreren starken Elektronenblitzen beim Fotografieren des Freßvorgangs können die sonst so scheuen Tiere in diesem Moment nicht mehr erschrecken.

Manchmal kann es in dieser ersten Gier passieren, daß zwei, drei sich gleichzeitig im Futter festbeißen und es durch ihre wilden Schüttelbewegungen hin- und herzerren. Daneben kommt es an der Beute auch laufend untereinander zu kleineren Beißereien. Hinterher schwimmt dann der eine oder andere mit Flossen umher, aus denen sauber herausgerennte, halbkreisförmige Stücke fehlen. Innerhalb einer Woche wachsen derartig harmlose Bißstellen jedoch meist wieder zu.

Auch Regenwürmer werden sehr gerne genommen, im Nu in mundgerechte Futterhappen zertrennt und geschluckt. Nach dem Fressen kann man deutlich eine Verdauungsphase wahrnehmen. Sie ist gekennzeichnet durch größere Passivität des Tieres. Jeder Fisch nimmt seinen Stammplatz ein und steht dort ganz ruhig, meist in gebührendem Abstand zu seinen Artgenossen. Die Fische richten sich dabei mit dem Kopf immer auf die Stelle des Aquariums aus, an der das vom Außenfilter umgewälzte Wasser sauerstoffangereichert ins Becken strömt. Ändert man die Einströmungsstelle, so richten sich die Tiere immer wieder neu auf sie aus. Die Piranhas stehen so in einer Position, in der ihr Körper dem Wasser am wenigsten Widerstand bietet und in der sie am günstigsten den zum Verdauen verstärkt benötigten Sauerstoff durch die Kiemen strömen lassen können.

Auch bei der Haltung älterer Tiere kommt es bisweilen zu den schon erwähnten, dann jedoch meist heftigeren Beißereien. Während der Fütterung im Zustand höchster Erregung werden

Artgenossen in Einzelfällen sogar Stücke aus Rücken oder Flanken gebissen. In der Regel heilen aber sogar tiefe Wunden oft überraschend schnell ab. Piranhas verfügen über ein beeidruckendes Regenerationsvermögen. Auch Kannibalismus tritt auf. In kleineren Becken bleiben von dem ursprünglich eingesetzten Jungfischschwarm nicht selten nur noch ein oder zwei kräftige Exemplare übrig, die dann auswachsen können.

Die Hauptnahrung bilden jetzt größere Stücke von Herz-, Leber-, Muskel- und vor allem Fischfleisch. Die Fütterung kann täglich in kleineren oder alle zwei Tage in größeren Portionen erfolgen. Bisweilen legen erwachsene Tiere von selbst regelrechte „Fastenzeiten" ein. Auch bei ungewöhnlicher Unruhe vor der Fütterung fressen sie nichts.

Auch große Regen- und Tauwürmer werden von erwachsenen Piranhas noch sehr gerne genommen, oft schon geschnappt, bevor sie den Aquariumboden erreicht haben. Am Grund kriechen die Würmer auch unter Wasser tastend weiter und werden dabei viel schneller aufgenommen als zum Beispiel ein bewegungslos am Boden liegendes Fleischstück. Kleinere Würmer werden sofort ganz geschluckt; größere und „lebendigere" Würmer werden zwar auch ganz aufgenommen, danach aber flieht der Piranha sofort in eine ruhige Ecke des Beckens, wo er den Wurm ein paarmal ausspuckt und wieder aufnimmt. Der Wurm passiert dabei jedesmal die „Häckselmaschine" der scharfen Zahnreihen. Dieser Vorgang wird so oft wiederholt, bis der Wurm sich nicht mehr bewegt und mehr oder weniger zerstückelt ist. Dies alles geschieht sehr rasch, da der Fisch beim Ausspucken dauernd darauf gefaßt sein muß, daß ihm ein futterneidischer Artgenosse das Beutetier abjagt – Mundraub also im wörtlichsten Sinne.

Kleine Süßwasser-Futterfische (z. B. Goldfische, Karauschen) können zwar lebend ins Becken gegeben werden, doch von dieser Art der Fütterung sollte höchstens dann Gebrauch gemacht werden, wenn man das Becken beispielsweise wegen einer Reise für Tage oder Wochen allein lassen möchte. Überdies ist eine Fütterung mit lebenden Fischen meist sehr kostspielig.

Als Beweis für die angriffsauslösende Reizwirkung der Farbe Rot steht in diesem Zusammenhang eine Beobachtung im Duisburger Tierpark: Als Futterfische hatte man einige Goldfische sowie Karauschen ins Becken eingesetzt. Während die dunkelbräunlichen Wildlinge noch relativ unbeachtet blieben, wurden die auffälligen Goldfische laufend von mehreren Piranhas gejagt.

Erstaunlich ist auch die Tatsache, daß selbst ausgewachsene Piranhas noch Wasserflöhe fressen, wie ich wiederholt beobachten konnte.

Alte Futterreste müssen regelmäßig entfernt werden. Auch die „Mulmecke" des Beckens sollte man wöchentlich mit einem Schlammheber reinigen. Niemals traten bei meinen Piranhas Pilzerkrankungen auf, doch sollte man sich davor hüten, **aggressives Verhalten** mit **Unempfindlichkeit gegenüber Schmutz und Krankheiten** zu verwechseln. Sauberkeit und Hygiene sind im glasbegrenzten Lebensraum oberstes Gebot und können vor allem durch richtige Dosierung des Futters entscheidend verbessert werden!

Dichtung und Wahrheit

In zahlreichen Veröffentlichungen wurde und wird immer wieder fälschlich behauptet, daß Piranhas nur allein bzw. in einem Artbecken mit anderen Piranhas zusammen gehalten werden können. Dies entspricht jedoch nicht der Wahrheit.

Ohne weiteres lassen sich Piranhas mit Panzer- und Schilderwelsen, bisweilen sogar mit kleinen Zahnkärpflingen (Guppys) oder kleinen Salmlerarten vergesellschaften. Natürlich können in Einzelfällen kleinere Unfälle passieren, doch bei ausreichender Fütterung dulden Piranhas einige Mitbewohner. Nur krank umhertaumelnde Fische werden unverzüglich angegriffen und gefressen. Vor allem Schilderwelse (*Plecostamus punctatus, Ancistrus multispinis* etc.) eignen sich wegen ihrer „unappetitlichen"

63

Körperpanzerung und regen Algenputzertätigkeit für das Piranha-Aquarium. Aus eben diesen Gründen werden Schilderwelse auch in zahlreichen zoologischen Schaubecken zusammen mit Piranhas gehalten (z. B. Aquarium Köln).

Auch der Feuerschwanz *(Labeo bicolor)* läßt sich meist problemlos mit halbwüchsigen Piranhas vergesellschaften. Auch er frißt Algenbelag und ist intelligent genug, sich in brenzlichen Situationen schnell ins nächste Versteck zu retten. Manchmal schließt sich ein junger Feuerschwanz sogar einem Schwarm junger Piranhas an und zieht mit ihm durch das Becken.

Zeitweise hielt ich einen kleinen Schwarm von etwa zwölf Zentimeter langen *Serrasalmus nigricans* zusammen mit einem ebenso großen pflanzenfressenden Scheibensalmler *(Metynnis rooseveltiella,* bestimmt nach PAYSAN, 1976), der in der Rotte geduldet und nie angegriffen wurde. Da die Scheibensalmler in Körperform und Färbung ihren gefährlichen Vettern allgemein stark ähneln, wird die „Beißbremse" wirksam. Meist können deshalb gleichgroße Tiere von Piranhas und Scheibensalmlern zusammen gehalten werden.

Entgegen allen anders lautenden Berichten soll an dieser Stelle auch auf die Tatsache aufmerksam gemacht werden, daß zahlreiche im Becken notwendige Arbeiten ohne weiteres mit bloßen Händen erledigt werden können. Sobald die Hand des Pflegers ins Wasser eintaucht, werden die meisten Piranhas erschrocken in Wasserpflanzendickichte flüchten. Selbstverständlich sollte man trotzdem darauf achten, daß die Tiere satt und die Hände frei von blutenden Wunden sind. Außerdem müssen alle Bewegungen so langsam und ruhig wie möglich erfolgen, um eine Panik unter den Fischen zu vermeiden. Denn nur aus einer Panik bzw. dem Gefühl des „In-die-Enge-getrieben-werdens" heraus könnte ein Angriff auf die Hand erfolgen. „Wer beispielsweise lose Wasserpflanzenbüsche mit bloßen Händen einpflanzen will, wenn sich gerade ein ausgewachsener und zu Tode erschrockener Piranha darin versteckt hat, ist selber schuld, wenn er nach diesem Ansinnen seinen Bekannten nur noch eine vierfingrige Hand zum Gruße entgegenhalten kann . . .", wie es jemand einmal bildhaft formulierte.

Piranhas im zoologischen Schaubecken

In den meisten Zoos und öffentlichen Schau-Aquarien werden mittlerweile auch Serrasalmusarten gezeigt. Ihr Vorhandensein verhilft auch manch durchschnittlichem Aquarium zu gesicherten Besucherzahlen. Und es ist verständlich, daß sich auch die Verantwortlichen in den Zoos dieses Schaueffektes bewußt sind.

Im folgenden soll veranschaulicht werden, unter welchen Bedingungen momentan Piranhas in den Schaubecken verschiedener deutscher zoologischer Gärten und öffentlicher Aquarien gehalten werden. Besonderes Augenmerk wurde dabei auf die Wassertemperatur, den Wasserchemismus (pH-Wert = Meßzahl der Wasserstoffionen-Konzentration, Wasserhärte) und auf die Fütterung gerichtet.

BERLIN (West) · **Aquarium/Terrarium**
Art: *Serrasalmus (Rooseveltiella) nattereri;* Beckengröße: ca. 400 Liter; Wasser: Temperatur ca. 26° C; Fütterung: Fischfleisch (z. B. ungefärbter Lachs)

BOCHUM · **Tierpark**
Art: *Serrasalmus (Rooseveltiella) nattereri;* Beckengröße ca: 600 Liter; Wasser: Temperatur ca. 25° C, ph 7, Härte 11° dGH; Fütterung: Zweimal wöchendlich tote Küken, Fische. Auch das täglich für einige Schilderwelse eingeworfene Trockenfutter wird von den Piranhas genommen!

DUISBURG · **Aquarium im Zoologischen Garten**
Art: *Serrasalmus (Rooseveltiella) nattereri;* Beckengröße: ca. 4500 Liter; Wasser: Temperatur 20 − 25° C; Fütterung: Fleisch, lebende Fische (Karauschen, Goldfische etc.)

DÜSSELDORF · Löbbecke Museum und Aquarium

Art: *Serrasalmus (Rooseveltiella) nattereri;* Beckengröße: ca. 1000 Liter; Wasser: Temperatur ca. 25° C, extra weich (Ionenaustauscher), gefiltert über Ehfisubstrat-Grob und Lavagranulat; Fütterung: Alle zwei Tage Muskelfleisch, Rinderherz, Fischfilet, Krill (tiefgefrorene Garnelen)

ESSEN · Aquarium in der Gruga

Art: *Serrasalmus aureus* (wahrscheinlicher: *S. nigricans);* Beckengröße: ca. 1800 Liter; Wasser: Temperatur 25° C, leicht sauer; Fütterung: Alle zwei Tage abwechselnd Fischfilet (Seelachs oder Rotbarsch) und totgedrückte Karauschen

FRANKFURT · Aquarium im Zoologischen Garten

Art: evtl. *Serrasalmus (Pygocentrus) piraya;* Beckengröße: ca. 3500 Liter; Wasser: Temperatur 24° C, pH 7, Härte: 12° dGH (Grad deutscher Grundhärte); Fütterung: Ein- bis zweimal wöchentlich

HAMBURG · Aquarium im Tierpark Hagenbeck

Art: *Serrasalmus (Rooseveltiella) nattereri* (Zucht aus Zürich); Beckengröße: ca. 500 Liter; Wasser: Temperatur 25° C, Härte: 12° dGH, sehr sauerstoffreich; Fütterung: mit Süßwasserfischen

KÖLN · Aquarium am Zoo

Art: *Serrasalmus (Rooseveltiella) nattereri* (z. Z. ca. 150 Exemplare aus der Züricher Zucht); Beckengröße: ca. 15 000 Liter, mit „Urwaldpanorama"; Wasser: Temperatur 25° C, pH 6,2, Härte: 8° dGH, Karbonathärte: 1° dKH. Die Reinhaltung erfolgt durch einen mehrstufigen Filter mit einer Gesamtfläche von 4 m². 10 m³ Wasser werden in der Stunde umgewälzt; Fütterung: Fleisch, Fischfleisch

MANNHEIM · **Aquarium im Luisenpark**
Art: evtl. *Serrasalmus nigricans;* Beckengröße: ca. 1500 Liter;
Wasser: Temperatur: ca. 25 – 26° C; Fütterung: Fischfleisch

MÜNCHEN · **Aquarium im Tierpark Hellabrunn**
Art: evtl. *Serrasalmus piraya;* Beckengröße: 10 000 Liter; Wasser: Temperatur 24 – 26° C; Fütterung: Zweimal wöchentlich
rohes, kleingeschnittenes Pferdeherz, Pferde-Muskelfleisch,
hin und wieder Weißfische

MÜNSTER · **Aquarium im Allwetterzoo**
Art: *Serrasalmus (Rooseveltiella) nattereri;* Beckengröße: ca.
1045 Liter; Wasser: Temperatur ca. 25° C, Härte: 7,8° dGH,
Filterung über Ehfisubstrat-Grob, von Zeit zu Zeit Zusatz von
Torumin; Fütterung: Alle zwei Tage Rinderherz und Trocken-
futtertabletten

STUTTGART · **Aquarium in der Wilhelma**
Art: *Serrasalmus (Rooseveltiella) nattereri;* Beckengröße: keine
Angabe; Wasser: Temperatur ca 25° C (zur Laichzeit April/Mai
auf ca. 28° C heraufgesetzt), Härte: 5–10° dGH, pH-Wert
7–8; Fütterung: Regelmäßig Süßwasserfische, mageres Herz-
und Muskelfleisch (wenig)

WUPPERTAL · **Aquarium im Zoologischen Garten**
Art: *Serrasalmus (Rooseveltiella) nattereri;* Beckengröße: ca.
4500 Liter; Wasser: Temperatur 25 – 26° C, pH-Wert: um 7,
Härte: 6° dGH, 2° dKH, gefiltert über 2 – 7 mm Kiessubstrat;
Fütterung: Süßwasserfische (z. B. Karauschen), als Ersatz Seewasserfische (z. B. Wittlinge). Um die Aggressivität zu dämp-
fen, wird täglich gefüttert, damit die Tiere ständig satt sind.

Zucht

Piranhas gehören zu denjenigen Tierarten, die sich nicht häufig in der Gefangenschaft fortpflanzen. Ihre Nachzucht ist etwas schwierig. Spezielle Literatur ist äußerst spärlich und beschränkt sich zur Zeit nur auf wenige Zuchtberichte, die hier diskutiert werden sollen.

Folgende Grundvoraussetzungen sollten u. a. für ein erfolgreiches Ablaichen gegeben sein:
1. Eine Rotte, geschlechts- bzw. laichreifer Tiere;
2. ein geräumiges Becken ab ca. 1000 Liter;
3. eine Beckengestaltung mit Versteckmöglichkeiten und Wasserpflanzen (z. B. Quellmoos);
4. eine auf 28 − 30° C erhöhte Wassertemperatur;

Die wahrscheinlich erste, erfolgreiche Piranha-Nachzucht gelang 1960 in den Vereinigten Staaten. Im John G. Shedd-Aquarium von Chicago war es William BRAKER, welcher Tiere der weniger gefährlichen Art *Serrasalmus spilopleura* (KNER) zur Fortpflanzung brachte. Die Fische lebten schon drei Jahre in einem ca. 4500 Liter fassenden Aquarium und laichten mit einer Körperlänge von ca. 18 Zentimetern. Die Eier wurden vom Weibchen sehr vorsichtig an Wasserpflanzen abgelegt. Danach wurde der Laich vom Männchen bewacht. Auch die nach fünf Tagen schlüpfende Brut wurde vom Männchen beschützt.

In Deutschland gelang eine erfolgreiche Piranha-Nachzucht erstmalig 1963 im Duisburger Tierpark bei der Art *Serrasalmus rhombeus* L. Alle hierzu nachfolgenden Angaben beziehen sich auf den Zuchtbericht von GEDASCHKE (1969) und zusätzliche Informationen von Zoodirektor Dr. Gewalt.

Die ursprünglich als *Serrasalmus niger* klassifizierten Tiere waren 1955 als 2, 5 − 3, 5 Zentimeter lange Jungfische aus Holland erworben worden. Nach der Eingewöhnungszeit wurden sie in ein ca. 4500 Liter fassendes Schaubecken umgesetzt. Wurzeln dienten als Versteckplätze. Zusätzlich hatte man das Bekken dicht bepflanzt (Cryptocorynen, Echinodorus, Aponogeton, Vallisneria).

Durch Kannibalismus reduzierten sich die damals 20 Piranhas schließlich auf sechs Exemplare. Nach achtjähriger Pflege hatten sie 1963 eine Länge von 26 — 32 Zentimetern und eine Höhe von 12 — 20 Zentimetern erreicht. Mehrmals hatten die Tiere abgelaicht, jedoch ohne daß sich Junge entwickeln konnten. Stets verpilzte der herausgefischte Laich.

Am Abend des 20.8.1963 erfolgte von 19 bis 20 Uhr eine erneute Eiablage. Der Laich (etwa 1500 bis 1600 Eier) wurde diesmal in dichtes Quellmoos nahe einer Baumwurzel abgelegt. Trotz heftiger Verteidigung durch die Elterntiere gelang das Heraussaugen der Hälfte der abgelegten Eier. Diese wurden auf vier für diesen Fall vorbereitete Vollglasbecken verteilt. Die extra durchlüfteten Vollglasbecken wurden zum exakten Einhalten der Ablaichtemperatur in das Schaubecken eingehängt und enthielten:

Becken 1: Schaubeckenwasser mit Methylenblau (nach PINTER)
Becken 2: Schaubeckenwasser mit Methylenblau und 50 % Aqua dest.
Becken 3: 95 % Aqua dest., 5 % Beckenwasser und Cilex-„Zuchthilfe"
Becken 4: Schaubeckenwasser ohne Zusätze
Abschließend berichtet GEDASCHKE (1969):

21.8. 63: In allen vier Becken ist etwa die gleiche Eimenge verpilzt; die verpilzten Eier werden herauspipettiert.
22.8. Gegen 13 Uhr erste Embryonenbewegungen in Becken 4, gegen 15.30 auch in den übrigen Becken. Abends werden alle lebenden Embryonen bzw. Jungfische herauspipettiert und in ein Vollglasbecken mit 95 % Aqua dest., 5 % Beckenwasser und Cilex-„Zuchthilfe" gebracht.
23.8. Sämtliche lebenden Jungfische — ca. 750 Stück werden in ein Becken ohne Cilex-Zusatz umgesetzt. Wassertemperatur konstant 25° C. Wasser kristallklar, Filterung mit PS-Flachfilter über Hydraffinkohle.
25.8. Augen gut zu erkennen, sprunghafte, taumelnde Bewegungen; Körperlänge ca. 7 — 8 Ø mm.
27.8. Temperatur auf fast 28° C erhöht. Durchlüftung verstärkt. Die Jungfische stellen sich gegen den Strom; Dottersack noch deutlich vorhanden.

28.8. Quellmoos (Fontinalis) ins Becken gegeben, an das sich einzelne Jungfische anhängen. Gegen 23 Uhr schwimmen alle Jungfische frei.

29.8. Die Mehrzahl der Jungfische hängt im Quellmoos. Um 18.30 Uhr erster Fütterungsversuch mit *Artemia salina*. Um 20 Uhr liegen alle Jungen am Boden, um 22 Uhr – in der Dunkelheit – schwimmen sie lebhaft umher.

30.8. 50 – 60 Jungfische schwimmen umher, der Rest liegt am Boden. Es ist nicht zu erkennen, ob sie noch von einem Dottersack zehren oder schon gefressen haben. Um 22 Uhr – im Dunkeln – sind sie sehr aktiv, nach Einschalten des Lichtes liegen sie in einer Ecke still. Um 23 Uhr Fütterung mit Cyclops und kleinen Daphnien.

31.8. Um 14 Uhr und 21.45 Uhr erneut Fütterung mit kleinen Daphnien, die zweifelsfrei gefressen werden.

1.9. – 8.9. Die Jungtiere wachsen auf ca. 10 – 12 mm Länge heran.

15.9. Die Jungfische werden in ein 50 x 35 cm großes Becken umgesetzt und dabei gezählt. Es sind 655 Stück, deren Größe zwischen 15 und 20 mm schwankt.

Am 1.10.64 waren die jungen Piranhas über ein Jahr alt und hatten sich sehr gut entwickelt. 20 Stück wurden zu den Alttieren in das Schaubecken gesetzt, ohne daß es bei der Zusammengewöhnung zu Schwierigkeiten kam; Alt- und Jungtiere schwammen friedlich nebeneinander. 1964 und 1965 haben die Altfische wiederum abgelaicht, doch wurde der im Schaubecken belassene Laich aufgefressen. Ab 1966 hat sich die Gruppe der jetzt ca. 15 cm langen Jungfische durch Kannibalismus, hauptsächlich durch Angriffe der Altfische, erheblich vermindert; ihre genaue Zahl ist schwer festzustellen, da sie sich im ungewöhnlich dichten Cryptocorynenbewuchs des Schaubeckens sehr verborgen halten. Falls die schon recht betagten Altfische erneut ablaichen, wollen wir die Eier beim nächsten Mal wieder herauspipettieren und versuchen, sie in der oben beschriebenen Weise zur Entwicklung zu bringen.

Außer den hier besprochenen dunkelgefärbten Piranhas besitzt der Duisburger Tierpark auch ein Becken mit *Rooseveltiella nattereri* (KNER). Ein paar ca. 10 cm lange Jungfische, die wir neulich als Geschenk erhielten, konnten ohne jeden Verlust zu den Alttieren gesetzt werden.

Leider wurde der Duisburger Bestand am *Serrasalmus rhombeus* im Laufe der Zeit durch Überalterung, Kannibalismus etc. bis zum völligen Erlöschen dezimiert.

Über die Zucht von *Serrasalmus (Rooseveltiella) nattereri* (KNER 1859) liegt heute etwas mehr Literatur vor. Sie gelang bisher im Zoo Cincinnati (USA), im Zoologischen Garten Zürich, im Aquarium des Kölner und Duisburger Zoos sowie wiederholt in der Stuttgarter Wilhelma.

Am ausführlichsten ist der Züricher Zuchtbericht von HONEGGER(1971), aus dem große Teile zitiert werden sollen:

Seit 1956 werden im Aquarium des Züricher Zoos in einem mit Javamoos bepflanzten Becken (100 x 70 x 60 cm) *Serrasalmus nattereri* (KNER 1859) (Synonym: *Rooseveltiella nattereri*) gepflegt. Die erwachsenen Fische werden dreimal pro Woche mit frischem, magerem Rindfleisch sowie mit Fischfleisch gefüttert. . .

Am 24. April 1970 entdeckte der Aquariumwärter E. Christen im Quellmoos eine größere Anzahl von frisch abgelegten Eiern. Die Wassertemperatur betrug damals 26° C. Da ein Absaugen des Laiches unmöglich war, wurde er mitsamt dem haftenden Javamoos aus dem Aquarium genommen. Das die Eier bewachende Männchen zog sich bei dieser Manipulation ins schützende Javamoos zurück. Um das Risiko beim Schlüpfen zu verkleinern, wurde ein Teil des Laiches an einen erfahrenen Züchter zur Zeitigung abgegeben, der Rest blieb im Zoo.

Die Jungen schlüpften nach vier Tagen. Die ersten Tage hingen sie am Moos, später lagen sie auf dem Boden über das ganze Aquarium verteilt.

Im Alter von vier Tagen begannen sie kleinste Salinenkrebschen zu fressen, später wurden sie täglich mit großen Mengen von Hüpferlingen und Wasserflöhen gefüttert. Schon nach wenigen Tagen konnten wir beobachten, wie sich die Jungen gegenseitig in die Flossen bissen. Das Wachstum verlief rasch. Im Alter von zwei Monaten hatten die größten Jungfische bereits eine Länge von 30 mm. . .

Im Alter von fünf Monaten waren die Jungfische 45 mm lang und zeigten eine sehr ansprechende Tüpfelzeichnung. Diese Jugendfärbung verliert sich mit zunehmendem Alter, sind doch die Elterntiere stahlgrau bis stahlblau gefärbt. Ende Dezember 1970, also im Alter von acht Monaten, waren die größten Fische 120 mm lang. Am 30. Mai laichten die Alttiere wiederum. Auch diesmal waren einige erwachsene Fische nach dem Laichen stark verbissen. . .

Die dritte Laichablage erfolgte am 22. September 1970, wobei auch diesmal einige Elterntiere zum Teil schwere Verletzungen aufwiesen.

Am 24. Dezember 1970 beobachtete ich gegen Abend, wie ein Männchen eine bestimmte Stelle im Aquarium gegen Artgenossen verteidigte. Am Morgen des 26. Dezember fand Wärter E. Christen an jener Stelle frischen Laich. Das die Eier bewachende Männchen war vor allem am Kopf sowie an den Seiten verletzt. Trotz dieser Verteidigung wurde der Laich innerhalb von 36 Stunden zu zwei Dritteln gefressen. Die aus den übriggebliebenen Eiern schlüpfenden Jungfische sammelten sich im Verlaufe der folgenden Tage im Filterbecken, von wo sie in ein separates Aufzuchtaquarium gebracht wurden. . .

Bei der Pflege der erwachsenen Piranhas ist es bei uns bisher noch nie zu Verletzungen des Wärters durch die Fische gekommen. Sobald am Becken gearbeitet wird, ziehen sich die Fische auf den Boden und in ihre Verstecke zurück. Selbst beim Füttern ziehen sie sich vorerst zurück. STERBAS (1970) Bemerkung, „Eine Hantierung im Becken ist nur mit Stöcken möglich", darf daher sicher nicht verallgemeinert werden. . .

Über die Wasserqualität bei der Haltung und Zucht von Sägesalmlern gehen die Ansichten in Theorie und Praxis stark auseinander. PAYSAN (1970) empfiehlt die Haltung von *Rooseveltiella nattereri* (syn. *S. nattereri*) in weichem Wasser, 10° dGH, mit Torfzusatz. Demgegenüber steht unsere Haltung in ziemlich hartem Wasser: 18 − 19° dgH (Aquamerck Wasserhärtebestimmer, Mai 1970, resp. 36,6° fr GH Prot. P 9364, Chem. Lab. Stadt Zürich, November 1970).

GÉRY (1970) bemerkt zur Fortpflanzung: „Wahrscheinlich treiben sie wie höher entwickelte Fische Brutpflege." Diese Vermutung wird durch unsere Beobachtung bestätigt.

Nach JES (1973) trafen 220 ca. drei Zentimeter lange Tiere aus der Züricher *Serrasalmus nattereri*-Zucht am 14.7.1970 im Aquarium des Kölner Zoos ein. Nach einer provisorischen Haltung in zwei 400-Liter-Becken wurden sie am 29.3.1971 in das 15 000 Liter fassende, beeindruckende Becken mit tropischem Uferpanorama eingesetzt. Die Wasserwerte betrugen damals: pH 6,2, Härte: 6,7° dGH, 2,5° dKH. Die Piranhas waren zu diesem Zeitpunkt neun bis zwölf Zentimeter groß.

Der eigentliche Kölner Zuchterfolg resultierte jedoch buchstäblich aus einer „Schauaquarien-Panne". Da sich über der Uferlandschaft ein Glasdach befindet, kam es bedingt durch den starken Lichteinfall, im Verlauf des ersten Sommers öfters zu einer starken Eintrübung des Wassers durch Schwebealgen („Wasserblüte"). Nachdem sich im Spätsommer das Wasser aufgeklärt hatte, stellte man mit großer Überraschung die etwa hundert zwei bis vier Zentimeter großen Jungpiranhas fest. Das Abfischen der Brut erwies sich als überaus schwierig und erfolgte mit Kescher, Senke und später sogar mit der Angel (feinem Haken und Stahlvorfach). Wegen der zum Zeitpunkt des Laichens herrschenden „Wasserblüte" konnten über Laichvorgang und Brutpflege keinerlei Beobachtungen gemacht werden. Mit UV-Lampen, sogenannten Entkeimungsstrahlern, wurde eine weitere derartige „Panne" verhindert. Leider blieb damit auch der weitere Zuchterfolg aus.

Zahlreiche Zoologische Aquarien wurden bisher auch mit *S. nattereri*-Jungen versorgt, die aus der Zucht der Stuttgarter Wilhelma stammen.

Die hier gehaltenen *S. nattereri*-Wildfänge laichten im Mai 1974 erstmals ab. Die Wassertemperatur wird vor dem Ablaichen stets auf etwa 28° C erhöht. Je nach Temperatur schlüpfen die Jungen nach zwei bis drei Tagen. Als Aufzuchtfutter werden Artemiennauplien und Cyclops verwendet. Die Anzahl der Jungfische schwankt stets zwischen 500 und 1000 Exemplaren. Bei den adulten Männchen wurde wiederholt Brutpflege beobachtet. Spezielles wurde über die Stuttgarter Piranha-Zucht bisher nicht veröffentlicht. Letztgenannte Informationen wurden mir auf Anfrage von Herrn PODLOUCKY, Stuttgarter Wilhelma, übermittelt.

Geradezu sensationell ist die Tatsache, daß Piranhas als Salmler regelrecht Brutpflege betreiben! Vor, während und nach dem Laichen treten infolge erhöhter Aggressivität vermehrt Beißereien unter den Tieren auf.

Die Wasserpflanzen werden oft kurz über dem Boden abgebissen und die entstandenen kahlen Stellen gegenüber Artgenossen heftig verteidigt. Das Ablaichen geschieht meistens bei Nacht. Der Laich wird zum Teil an die noch aus dem Boden ragenden Wasserpflanzenstengel geheftet.

Ulrich KLUCKNER, Angestellter des Duisburger Zoos, machte detaillierte Beobachtungen bei der Aufzucht der Jungfische, die nach ca. vier Tagen schlüpften und sich in der ersten Zeit von den, aus dem Schaubecken mitaufgesaugten Mikro-Infusorien ernährten. Eine Wasseranalyse ergab die erstaunlichen Werte: Gesamthärte GH 20°, Karbonathärte KH 9,0°, pH 7,3, Nitrit 0,1, Temperatur 29,0° C. Daß die Tiere trotz derartig hoher Wasserhärte ablaichen ist erstaunlich, wenn man bedenkt, daß Tropenflüsse meist extrem weiches Wasser führen.

Die in ein 600-Liter-Becken umgesetzten Jungfische entwickelten sich schnell und konnten später zum Teil wieder zu den Elterntieren ins große Schaubecken gesetzt werden. Gefüttert wird hier mit lebenden Forellen. Für die Besucher eine spektakuläre Angelegenheit!

Systematische Übersicht

Das 1758 von LINNÉ veröffentlichte Werke „Systema Naturae" bildet den allgemein anerkannten Ausgangspunkt einer Systematik mit wissenschaftlichen Namen, die durch Zusammensetzung von Gattungs- und Artnamen gebildet werden. Durch die zoologische Klassifikation wurde so ein System geschaffen, in dem jede Art, die auf der Erde lebte bzw. lebt, ihren festen Platz einnimmt und mit einem wissenschaftlichen Namen belegt wird.

Nach Untersuchungen von DARWIN und anderen wurde das mehr auf Grund äußerer Ähnlichkeiten beruhende „künstliche" System von LINNÉ teilweise durch ein Verwandtschaftsbeziehungen stärker berücksichtigendes „natürliches" System ersetzt. Mit fortschreitender, noch genauerer Untersuchung der Arten unterlagen und unterliegen die Systemelemente der zoologischen Klassifizierung ständiger Verfeinerung oder sogar Veränderung. Diese Tatsache gilt insbesondere für die Systematik der Fische, speziell auch für die Gruppe der Salmler.

Der französische Fischkundler GERY (1970/72) entwickelte ein neues, weiträumiges System, in dem der Vielgestaltigkeit der Salmler eher Rechnung getragen wird als im alten, bisher gebräuchlichen System. Statt der früheren Ordnung Ostariophysi (= Fische mit einer knöchernen Verbindung zwischen Schwimmblase und Labyrinth) unterscheidet GERY die zwei Ordnungen: Welsförmige (Siluriformes) und Karpfenförmige (Cypriniformes). Letztere werden in drei Unterordnungen weiter aufgegliedert: 1. Salmler (Characoidei), 2. Zitter- und Messeraale (Gymnotoidei) und 3. Karpfenähnliche (Cyprinoidei).

Innerhalb der Salmler (Characoidei) wurden nach der Neugliederung 14 Familien aufgestellt, deren zweite die Scheiben- und Sägesalmler (Serrasalmidae) umfaßt. Die Unterfamilie der Sägesalmlerartigen (Serrasalminae) besteht nur aus der Gattung

74

der Piranhas oder Sägesalmler (Serrasalmus, LACÉPEDE 1803), die sich nach GERY (1972) in vier Untergattungen aufteilen läßt.

An dieser Stelle muß Grundsätzliches zu einer Systematik der Piranhas festgestellt werden. Eindeutig steckt die Wissenschaft bei der Problematik einer befriedigenden Klassifikation noch in den häufig zitierten „Kinderschuhen".

Einige „Arten" gehen lediglich auf die Beschreibung eines oder weniger Exemplare zurück. Wenn diese Tiere dann eher oberflächlich auf Grund von Körperform und Färbung, die bei den meisten Piranhas jedoch im Laufe der Entwicklung einem stetigen Wechsel unterworfen sind, beschrieben wurden, so ist das Ergebnis mit einiger Vorsicht zu genießen.

Die Anzahl der heute existierenden Serrasalmus-Arten sowie deren Subspezies wird, entgegen zahlreichen anderslautenden Meinungen, vom Verfasser auf über 20 geschätzt. Die vom Verfasser hier vorgeschlagene Systematik bildet gewissermaßen ein Konglomerat aus den Klassifikationsversuchen anderer Autoren (z. B. GERY 1970/72, STERBA 1970, PAYSAN 1976) sowie eigenen, in Südamerika realisierten Beobachtungen und Untersuchungen.

Klasse: OSTEICHTHYES Knochenfische
Überordnung: TELEOSTEI Echte Knochenfische
Ordnung: CYPRINIFORMES Karpfenförmige
Unterordnung: CHARACOIDEI Salmler
Familie: SERRASALMIDAE Scheiben- und Sägesalmler
Unterfamilie: SERRASALMINAE Sägesalmlerartige
Gattung: SERRASALMUS Sägesalmler
4 Untergattungen und über 20 Arten

I. Untergattung: Pygopristis (MÜLLER u. TROSCHEL, 1844)

Diese Untergattung scheint die am wenigsten spezialisierte und am schwersten abzutrennende zu sein. Vorkommen: Guayana-Region und unterer Amazonas. Genauer beschrieben wurde bisher lediglich eine Art *(S. denticulatus)*. Die Existenz bzw. der genetische Status weiterer Arten (z. B. *Pygopristis antoni,* aus dem Rio San José, Estado Guarico, Venezuela) erscheint als unsicher.

Serrasalmus denticulatus

Vorkommen: Guayana, Surinam, Franz. Guayana
Kennzeichen: Fettflosse!

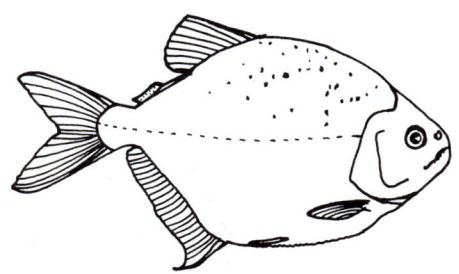

Abb. 10   Serrasalmus denticulatus

II. Untergattung: Pistobrycon (EIGENMANN, 1915)

Diese Untergattung umfaßt relativ seltene und scheinbar weniger aggressive Piranha-Arten. Vorkommen: Unter- und Mittellauf des Amazonas, Guayana-Region und Orinoko-Delta. Von GERY (1972) werden der Untergattung Pistobrycon neun Arten zugeordnet.:

Serrasalmus aureus

Vorkommen: Brasilien und evtl. Caquiare-Orinoko-Region, Venezuela

Kennzeichen: Keine gesicherten Erkenntnisse (stark goldglänzend, Name!), maximale Länge ca. 22 cm.

MAGO-LECCIA (o. J.) untersuchte speziell die Fischfauna des Casiquiare-Flusses. Dieser bildet die einzige Verbindung der beiden riesigen Systeme des Amazonas und Orinoko (zur Geographie und Genese des Rio Casiquiare vgl. VARESCHI, 1963). In der von MAGO-LECCIA erarbeiteten Artliste der Fischfauna des Rio Casiquiare wird ein dort gefangener Piranha als *Serrasalmus aureus* klassifiziert. Die in der Essener Gruga gehaltenen Exemplare wurden von HECK als *S. aureus* bestimmt, ähneln jedoch stärker *S. nigricans*.

Serrasalmus emarginatus (JARDINE, 1944)

Vorkommen: Evtl. Surinam
Kennzeichen: Keine gesicherten Erkenntnisse

Serrasalmus serrulatus

Vorkommen: Amazonas, Rio Atacavi (Venezuela) etc.
Kennzeichen: Sehr große Art, erreicht 35 – 40 cm Länge! Untersucht wurde ein Exemplar der Universidad Central Caracas,

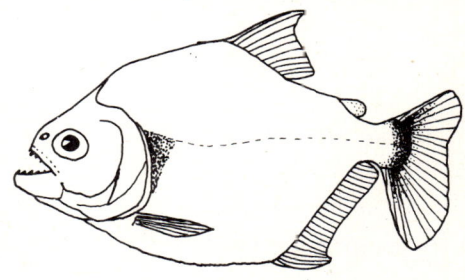

Abb. 11   Serrasalmus serrulatus

nach MAGO-LECCIA der größte bisher in Venezuela gefangene Sägesalmler.

Serrasalmus scapularis (GÜNTHER, 1929)

Vorkommen: Rio Essequibo (Guayana)
Kennzeichen: Keine gesicherten Erkenntnisse

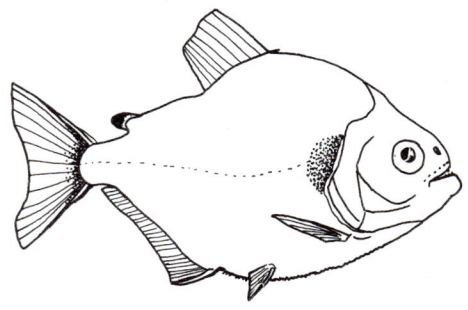

Abb. 12   Serrasalmus scapularis

Serrasalmus gymnogenys (GÜNTHER, 1864)

Vorkommen: Surinam und Unterlauf des Amazonas
Kennzeichen: Keine gesicherten Erkenntnisse

Serrasalmus striolatus (STEINDACHER, 1908)

Vorkommen: Rio Para, Rio Tapanohony (Guayana-Region)
Kennzeichen: Keine gesicherten Erkenntnisse

Serrasalmus calmoni (STEINDACHER, 1908)

Vorkommen: Rio Para (Guayana)
Kennzeichen: Keine gesicherten Erkenntnisse

Serrasalmus (Pygocentrus) bilineatus (EIGENMANN, o. J.)

Vorkommen: Rio Aruca (Guayana-Region)
Kennzeichen: Keine gesicherten Erkenntnisse

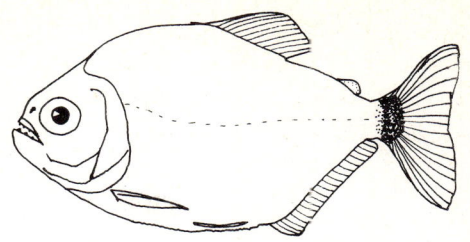

Abb. 13   Serrasalmus striolatus

Serrasalmus coccogenis (FOWLER, 1911)

Vorkommen: Venezuela
Kennzeichen: Keine gesicherten Erkenntnisse

III. Untergattung: Serrasalmus (LACÉPÈDE, 1803)

Diese Untergattung enthält ca. vier bis sechs Arten und ist sehr
weit verbreitet. Ein charakteristisches Merkmal von Angehöri-
gen dieser Untergattung stellt deren konkave Kopf-Körper-
Umrißlinie dar.

Serrasalmus eigenmanni (NORMAN, 1929)

Vorkommen: Rio Essequibo, Rio Potaro (Guayana-Region)
Kennzeichen: Keine gesicherten Erkenntnisse

Serrasalmus eigenmanni, Subspezies

Vorkommen: Rio Tampoc (Guayana)
Kennzeichen: Keine gesicherten Erkenntnisse

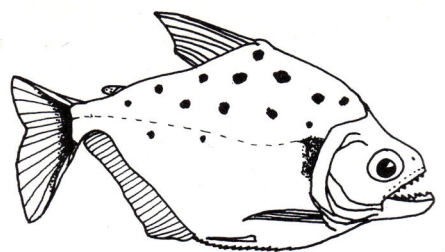

Abb. 14   Serrasalmus eigenmanni

Serrasalmus rhombeus (LINNÉ, 1766)

Vorkommen: Amazonas- und Orinokogebiet, gesamte Guayana-Region

Kennzeichen: 37 — 38 Zähne am Bauchkiel, maximale Länge bis ca. 38 cm. Aggressive, weit verbreitete Art. Das Jugendkleid ist silbrig-gepunktet, die Flossen sind glashell. Alte Exemplare

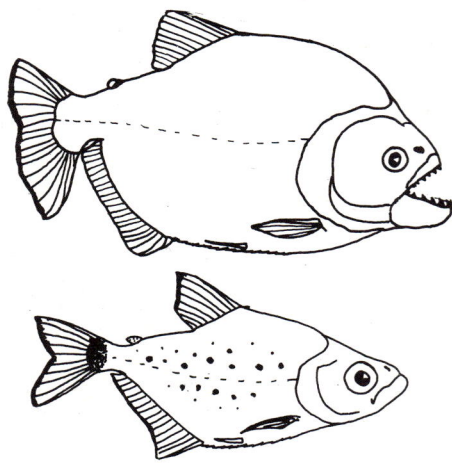

Abb. 15   Serrasalmus rhombeus, erwachsenes und junges Exemplar

80

dunkeln stark ab, werden zu͏̈.
rungen auch in der Körperform
seitlich stark zusammengedrückt,
Profillinie des Kopfes ist deutlich kor
mit insgesamt 14 Zähnchen bezahnt. Auch bei den λϵ
LAND (1976) beschriebenen silbrig-glänzenden „Weißen Piranha" könnte es sich um ein noch nicht umgefärbtes Exemplar
von *S. rhombeus* gehandelt haben.

Serrasalmus hollandi (EIGENMANN, 1915)

Vorkommen: Keine gesicherten Erkenntnisse
Kennzeichen: Hoher, zusammengedrückter Körper. Nach
STERBA (1970) ist die Färbung von Rücken und Kopf dunkel-
grau bis olivgrün, die untere Körperhälfte schmutzig-weiß bis
silbrig, im oberen Bereich mit einigen dunklen Flecken. Oft ist
ein dunkler Schulterfleck vorhanden. Die Flossen von Jungtieren sind glashell. Im Alter werden die Tiere fast völlig schwarz.
(Die beschriebene Art könnte jedoch auch eine Subspezies =
Unterart von *S. rhombeus* sein, vielleicht sogar ein Synonym!)

Serrasalmus spilopleura (KNER 1860)   Farbfoto 8

Vorkommen: Amazonas-Gebiet bis zur La Plata-Ebene, Orinoko-Gebiet, Lago del Guarico (Venezuela)
Kennzeichen: 29 — 36 Zähne am Bauchkiel, maximale Länge
ca. 25 — 30 cm, hoher und sehr stark zusammengedrückter

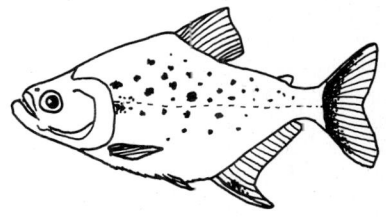

Abb. 16   Serrasalmus hollandi (nach Abbildung von STERBA, 1970)

Abb. 17   Serrasalmus spilopleura (nach Abbildung von STERBA, 1970)

Körper. Jugendfärbung: silbrig mit zahlreichen schwarzen Punkten. Diese Jugendfärbung verändert sich mit zunehmendem Alter der Tiere in ein schmutzig, verwaschen-fleckiges Anthrazitgrau. Die Profillinie des Kopfes ist deutlich konkav. Weitere Kennzeichen: rote Augenfärbung und insgesamt zehn Gaumenzähnchen, tiefeingeschnittenes Maul, auffallend langer und kräftiger Unterkiefer mit starker Bezahnung (vgl. Abbildung 17). Regionaler Name: „Karibe Pinche".

Serrasalmus niger (SCHOMBURGK, 1841)

Vorkommen: z. B. Surinam
Kennzeichen: Gedrungene und hohe Körperform, seitlich sehr stark zusammengedrückt, maximale Länge ca. 35 cm (Abb. 18). In der Jugendfärbung ist der Körper wahrscheinlich hell gefärbt. Die Flossen sind dann glashell. Erst im Alter erscheint die charakteristisch schwärzlich-graue Körper- und Flossenfärbung. Schon APPUN (1871) erwähnt *S. niger* als äußerst aggressive, regional allgemein gefürchtete Piranha-Art. Nach PAYSAN (1976) greift der „Schwarze Piranha" im Aquarium angeblich alles an, was sich bewegt.

Viele im Alter abgedunkelte Tiere wurden von verschiedenen Autoren (z.B. MYERS 1972) bisher irrtümlich als *S. niger* klassifiziert, so z. B. adulte Exemplare von *S. nattereri* oder *S. rhombeus!*

Die Existenz der Art *S. niger* gilt als noch nicht völlig gesichert. Auf Grund der bislang beschriebenen Merkmale wurde

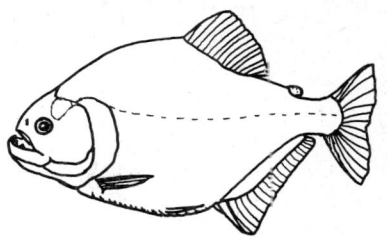

Abb. 18   Serrasalmus niger (nach Abbildung von STERBA, 1970)

S. niger jedoch vom Verfasser ebenfalls der Untergattung *Serrasalmus* zugeordnet.

IV. Untergattung: Taddyella (R. VON IHERING, 1928)

Wahrscheinlich existieren nicht mehr als vier bis fünf Arten, die sich zum Teil sehr stark ähneln.

Im Gegensatz zur *Serrasalmus*-Untergattung ist für Angehörige der Untergattung *Taddyella* eine konvexe Kopf-Körper-Umrißlinie charakteristisch.

Serrasalmus piraya (CUVIER, 1819)

Vorkommen: Unteres Amazonasgebiet, Rio Sao Francisco (Brasilien)

Kennzeichen: 22 — 24 Zähne am Bauchkiel. Mit einer maximalen Länge bis ca. 50 cm wohl die größte Piranha-Art. Der Körper ist stark gedrungen, seitlich zusammengedrückt. Der Kopf ist relativ groß, die gewölbte Stirnpartie hoch. Die Grundfärbung von Rücken und Körperseiten spielt mehr ins Olivbräunliche, seitlich stark glänzend. Die unteren Körperpartien weisen eine eher orange-rote Färbung auf. Erwachsene Exem-

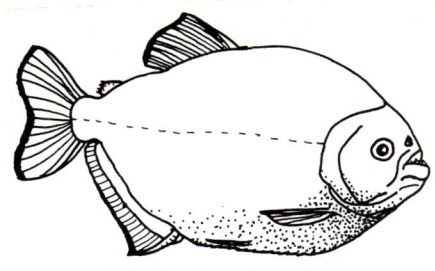

Abb. 19   Serrasalmus piraya

plare lassen sich im Habitus oft nur schwer von *S. nattereri* unterscheiden, besitzen jedoch eine büschelartig-faserige Fettflosse (Abb. 19).

Serrasalmus nattereri (KNER, 1860)   Farbfoto 1
Synonym: *Rooseveltiella nattereri*

Vorkommen: Die mit Sicherheit am weitesten verbreitete Art: Amazonas- und Orinokogebiet, alle Guayana-Länder sowie das Gebiet des Rio Paraguay und Rio Parana.
Kennzeichen: 28 − 31 Zähne am Bauchkiel. Die Körperform ist gedrungen und seitlich zusammengedrückt, maximale Länge ca. 30 − 32 cm. Die Schwanzflosse ist meist nur geringfügig eingeschnitten. Die Afterflosse ist im Alter manchmal zipfelartig verlängert. Die Färbung variiert etwas von Gebiet zu Gebiet. Charakteristisch ist jedoch eine blaugraue bis bräunliche Rückenfärbung, an den Körperseiten zart aufhellend, stark silberglänzend. Kehle, Bauch, Brust- und Bauchflossen sowie die Afterflosse sind bei Jungtieren und juvenilen Exemplaren leuchtend zinnoberrot. Dies ist jedoch eine oft im Alter verblassende Färbung. Die After- und Schwanzflosse ist schwarz gesäumt, letztere weist ein helles Innenfeld auf. Der ehemalige amerikanische Präsident Roosevelt verlieh dieser Art durch seine Beschreibung das noch häufig gebräuchliche Synonym „*Rooseveltiella nattereri*". Die Art gilt allgemein als sehr aggressiv.

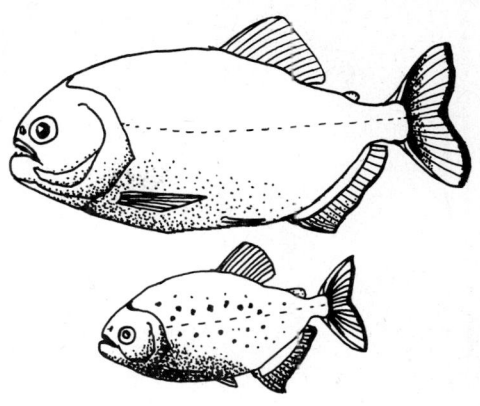

Abb. 20   Serrasalmus nattereri, Alt- und Jungtier

Daß es sich bei den abschließend beschriebenen Piranhas um Synonyme, Farbvarianten, Lokalrassen oder Unterarten (Subspecies) von *Serrasalmus nattereri* handelt ist möglich. Zahlreiche Untersuchungen des Verfassers sprechen jedoch dagegen. Deshalb wird hier erstmalig vorgeschlagen *Serrasalmus nigricans* eigenständig abzutrennen. Im Falle von *Serrasalmus notatus* gilt ein Verweis auf schon vorhandene südamerikanische Literatur.

Serrasalmus nigricans   Farbfoto 2, 4, 5, Titelbild

Vorkommen: Amazonas und Orinokogebiet
Kennzeichen: 25 − 28 Zähne am Bauchkiel, maximale Länge ca. 20 − 25 cm. Die Körperform gleicht der des *S. nattereri*, Kopf und Kiefer sind jedoch zierlicher gebaut. Jugendfärbung: Silbrig-glänzend mit zahlreichen schwarzen Flecken. Junge und alte Exemplare besitzen eine schwarzgesäumte After- und Schwanzflosse, letztere mit deutlich hellem Feld. Meist ist die Schwanzflosse kaum eingeschnitten. Die Körperfärbung er-

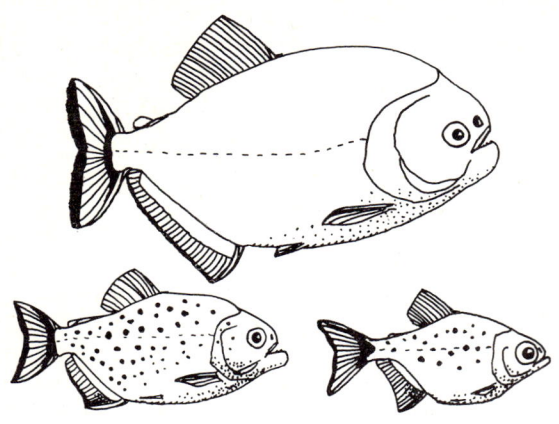

Abb. 21 Serrasalmus nigricans (oben: Alttier, unten: Jungtiere, rechts = 35 mm, links = 100 mm lang)

wachsener Exemplare ist überwiegend bläulich bis bräunlich-grau. Jung- und Alttiere besitzen (im deutlichen Unterschied zu *S. nattereri)* keine Rotfärbung der unteren Körperpartien und Flossen.

Serrasalmus notatus   Farbfoto 6, 7, 9

Vorkommen: Orinoko, Lago del Guarico sowie zahlreiche kleinere stehende und fließende Gewässer Venezuelas, evtl. endemisch.

Kennzeichen: 25 − 29 Zähne am Bauchkiel. Körperform: Gedrungen und seitlich zusammengedrückt. Kräftige, nach vorn gewölbte Stirn-Rückenpartie. Jung- und Alttiere besitzen eine überwiegend silbrige Körperfärbung mit auffälligem schwarzen, im Alter etwas verblassenden Seitenfleck. Alle Flossen sind durchscheinend hell und nicht dunkel gesäumt. Die Schwanzflosse weist oft hinter der Schwanzwurzel eine dunkle Zone auf und kann einen asymmetrisch verlängerten unteren Lappen be-

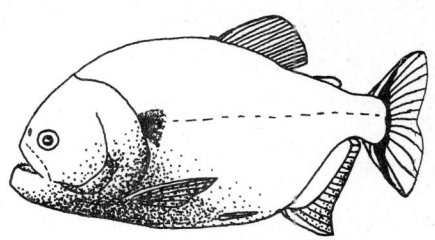

Abb. 22   Serrasalmus notatus

sitzen. Ob Jungtiere eine Fleckenzeichnung besitzen, ist nicht gesichert. Kehle, Kiemendeckel, Brust- und Bauchflossen, Teile vom Bauch und der vordere Teil der Afterflosse sind leuchtend blutrot gefärbt. Diese Färbung kann beim Alttier stark abdunkeln oder verblassen. Kiefer und Bezahnung sind auffällig groß und kräftig. Die äußerst aggressive Art wird in Venezuela „caribe colorado" oder „capaburro" (gefärbter Karibe oder „der Eselshäutige", gemeint ist „dickhäutige") genannt und vor allem am Ende der Trockenzeit gefürchtet.

Im „Piranha Book" (MYERS 1972) werden von venezuelanischen Ichthyologen FERNANDEZ-YEPEZ zusätzlich noch weitere in Venezuela vorkommende Piranhas vorgestellt:

Pygocentrus manueli (YEPEZ/RAMIREZ 1967),
Pygopristis antoni (FERNANDEZ-YEPEZ1965),
Serrasalmus altuvei (RAMIREZ 1965),
S. elongatus (KNER 1860),
S. fernandezi (FERNANDEZ-YEPEZ,
S. medinai (RAMIREZ 1965),
S. nalzeni (FERNANDEZ-YEPEZ 1969) und
S. pingke (FERNANDEZ-YEPEZ 1951).

Noch steht die Piranha-Forschung erst an ihrem Anfang!

Fang

Auszüge aus dem Venezuela-Reisetagebuch

20.3.1980: Von Ciudad Bolivar nach Caicara del Orinoko
Angeln im Riesenstrom

Nach achtstündiger Busfahrt mit dem „Orituco-Transport" erreichen wir um etwa 17 Uhr Caicara del Orinoko. Die Stadt ist nicht besonders groß. Weiße, niedrige Häuser mit staubigen Straßen, Mangobäume mit reifen Früchten. Der Hilfsbusfahrer fährt uns bis zum Strom hinunter. Es ist heiß, doch wir sind begeistert.

Langsam kriecht der gewaltige, lehmig-graue Strom an den Sandbuchten seiner Ufer entlang. Das typische Bild prägen jedoch die runden Granitfelsen, welche überall aus dem Wasser herausragen und schildartig das Orinokoufer gliedern. Wir wählen einen dieser flachen Felsschilde als Lagerplatz aus.

Während die beiden anderen geschäftig an Schlafsack, Kocher oder Kamera hantieren, greife ich zur Angel. Aber das kleine Gerätekästchen will zuvor erst noch aus der untersten Region des großen Rucksacks herausgewühlt werden. Dann gehe ich schnell hinunter zum Strom, springe zuletzt von Fels zu Fels, um auf den äußersten zu gelangen. Wir sind sehr weit entfernt von Tiefkühltruhen und Supermärkten mit zum Bersten gefüllten Regalen. Hoffentlich gibt es hier Fische, eine „Proteinration" könnte nicht schaden.

Hier bedeutet Angeln für uns wichtige und obendrein kostenlose Nahrungsmittelbeschaffung. Aber dieses „angenehmen Zwanges" bedarf es nicht angesichts des gewaltigen Tropenstromes Orinoko.

Noch zwei Sprünge, dann habe ich einen Uferfelsen erreicht. Als Köder habe ich einen Metallspinner an die Angel montiert, der ein verletztes, fliehendes Fischchen imitiert. Kaum ist der Köder ausgeworfen erfolgt schon der erste Biß! Kurz danach liegt der erste Piranha im Topf. Sein Bauch ist leuchtend rot. Noch viele folgen.

Sie beißen auch auf Piranha-Fleischköder und sogar auf den blanken Haken, beim Einholen. Sie zerbeißen selbst dickste Stahldrahtvorfächer. Auch meine Expeditionskameraden sind nicht untätig geblieben. Während Derk begeistert mitangelt und verschiedene gefangene Tiere mit medizinisch-naturwissenschaftlicher Genauigkeit untersucht, hat Norbert den kulinarisch-technischen Ablauf gesichert. Bis hierher hören wir ihn klappernd mit den Töpfen und dem Kocher herumhantieren. „Alle Gewürze sind weg!", hören wir ihn plötzlich rufen. Beruhigt angeln wir weiter, denn selbst im größten Rucksack-Chaos findet sich alles irgendwann mal wieder. . .

Die Abendstimmung der tropischen Landschaft ist grandios. Als die Sonne untergeht, spielen die leuchtendsten Farben am Himmel und im Wasser des Orinoko. Hunderte von Kormoranen ziehen in Keilformation über unsere Köpfe hinweg zu ihren Schlafplätzen. Die Luft rauscht von ihrem Flügelschlag. Im seichten Wasser der Nachbarbucht prusten die Flußdelphine. Ein Naturgemälde, beeindruckend und großartig.

Schlagartig wird es um 19 Uhr völlig dunkel. Die warme Tropennacht hat begonnen. Die Felsen sind noch vom Tage aufgeheizt. Beeindruckt sitzen wir zu dritt um den kleinen Kocher herum. Zum Abendessen gibt es Wassermelonen, Reis, Welsfleisch und gebratene Piranhas – eine Delikatesse. Die Piranhas haben ein ausgezeichnetes, festes Fleisch.

25.3.1980: Von San Fernando de Apure nach Apurito
   Über dem Rio Apure baumelnd

Nach den Tagen im Indianergebiet sind wir in den Llanos mit dem Bus unterwegs in Richtung Anden. Die Straße wird begleitet von Lagunas (Teichen). Überall Schwärme von weißen und grauen Reihern, Störchen, rosa Löfflern, schwarzen und roten Ibissen (Corocoros). An etlichen Wasserlöchern liegen tote

Kühe. Wir entdecken auch die ersten Kaimane. Auch Piranhas setzte man zur „Säuberung" in diesen Lagunas aus. Norbert ist kaputt, verschläft alles.

Wir erreichen die Stadt San Fernando de Apure, die auch Humboldt einst besuchte. Sie wirkt irgendwie dreckig und heruntergekommen. Mit einem total klapprigen, überladenen Bus fahren wir schon um 17 Uhr weiter, den Apure aufwärts. Die Bodenbleche sind so brüchig, daß ein am Boden sitzender „Campesino" seine abgenagten Hähnchenknochen durch die Rostlöcher und Risse direkt auf die Straße werfen kann.

Als wir in der kleinen Stadt Apurito ankommen, ist es schon dunkel. Ein Großteil der Dorfjugend läuft anfangs staunend hinter uns her. Hinaus aus dem Ort. Rucksackbepackt stolpern wir den Apure entlang und hängen unsere Hängematten schließlich in einen großen Baum. So schlafen wir in luftiger Höhe ein, halb über dem lehmgelben Rio Apure und seinen Piranhas baumelnd.

Morgens angeln wir etwa 25 große Piranhas. Ich präpariere die Kiefer der größten Tiere. Sechs Fische nehmen wir aus und backen sie im Topf. In einem Brötchen mit Tomatenketchup gibt's zum Frühstück köstlich riechende „Piranhaburger".

28.3.1980: Von Mantecal nach Bruzual
  Piranha-Angeln in einer Laguna

Der Bus holpert weiter Richtung Bruzual, dem „letzten Nest" am oberen Rio Apure. Der Straßenbelag wechselt von aufgerissenem Asphalt zu Schotter. Schlafen ist unmöglich; die Rucksäcke springen durch die Gegend, müssen immer wieder neu verkeilt werden. Verschwitzt und staubig kommen wir mit dem Bus gegen Abend an.

Ich laufe mit der Angel zum Rio Apure hinunter. Niedrigwasser und sehr starke Strömung − kein Biß.

Zurück zur ersten schlammigen Laguna, einem Apure-Altarm, an dem ich vorhin vorbeigegangen war. Jetzt hüpfen hier förmlich die Fische. Es ist 18.15 Uhr. Die Sonne steht schon sehr tief, als ich den Spinner auswerfe. Kaum ist er auf das Wasser aufgeklatscht, saust auch schon die Schnur von der Rolle. Ich bremse die erste, explosive Flucht mit einem kräftigen Anhieb. Irritiert schießt der Karibe im Zickzack nach links und rechts. Doch immer näher ziehe ich ihn dabei ans Ufer. Bei der Landung muß ich aufpassen, nicht im Uferschlamm zu versinken. In ca. 30 Meter Entfernung ragen die Köpfe von zwei „Babas" (Kaimanen) aus dem Wasser, deren Augen genau meine Bewegungen verfolgen, während ich den Haken löse. Moskitos gibt es auch jede Menge. In kürzester Zeit jagen mir die lästigen tropischen Blutsauger über 40 Stiche in Arme, Hände und Gesicht.

Nach einigen weiteren Würfen wird mir die Rute plötzlich fast aus der Hand gerissen. Es wird schon langsam dunkel, als ich den ca. 25 Zentimeter langen gedrungenen und kräftigen Piranha lande. Seine Färbung ist auffallend dunkler als die übrigen, gleichgroßer Artgenossen. Auch die Schwanz- und Rückenflossen sind fast völlig schwarz. Ob es sich um einen Schwärzling oder um eine weitere Unterart handelt, wird vielleicht erst eine Untersuchung zu Hause ergeben. Und obwohl der Rucksack eigentlich schon schwer genug ist, kommt noch eine letzte Formol-Plastiktüte hinzu. Sie wiegt etwa ein Kilogramm und enthält den beeindruckendsten Fisch der Welt.

Angelgeräte

Rute: Geeignet sind vor allem kräftige Hohlglas-Teleskopruten von 2,50 bis 3,50 Meter Länge und 40 bis 80 Gramm Wurfgewicht (für weite Würfe).

Rolle: Stabile, mittelgroße Stationärrolle, eventuell Highspeed-Rolle.

Schnur: Schnurstärken 0,35 mm − 0,40 mm empfehlenswert.

Stahlvorfach und Wirbel: Ein Stahlvorfach ist unbedingt erforderlich. Nur äußerst starke Stahlvorfächer ab 0,40 mm und kräftige Tönnchenwirbel mit Karabiner benutzen!

Künstliche Köder: Geeignet sind generell alle hellen, silbernen, goldenen Kunstköder aus Metall (für dunkle Witterungs-, hier jedoch trübe Wasserverhältnisse!). Als besonders fängig erwies sich auch die Farbkombination rot/weiß. Blinker und Spinner bis 25 Gramm; Krautblinker sind erfolgreicher bei überhängenden oder abgesunkenen Bäumen. Gegebenenfalls läßt sich der Enddrilling auch durch einen Einzelhaken Größe 2/0 ersetzen. Nicht selten wurden Drillings-Hakenschenkel glatt abgebissen, da Piranhakiefer so effektiv wie Blechscheren arbeiten. Gegenüber einfachen Blinkern erwiesen sich Spinner mit rotierendem Löffel als deutlich fängiger (Farbfoto 12). Plastik- und Gummiköder sind zwecklos, sie werden sofort zerbissen!

Natürliche Köder: Am langschenkligen Haken (Größe 1/0 − 4/0), davor Stahlvorfach:

▶ Fleischfetzen, aus totem Piranha geschnitten
▶ ein ganzer, junger Piranha, abgetötet
▶ frisches, blutendes Rinderherzfleisch, Leber etc.

Ein Schwimmer ist meist nicht erforderlich. Man läßt den Köder frei absinken, oft wird er dabei genommen. Eine Wasserkugel ist gegebenenfalls für weitere Würfe nützlich, wird jedoch auch oft zerbissen.

Wichtige Hinweise

Als nützlicher Kleinkram sollte unbedingt zur Ausrüstung gehören:

▶ Ein scharfes Messer;
▶ Rachensperre und Hakenlöser;
▶ Mückenschutz (flüssig, Spray, Vitamin-B-Tabletten etc.).
   Eigene Erfahrungen zeigten jedoch, daß man bisweilen auch
   trotz vielgerühmter Mückenmittel noch buchstäblich sein
   „rotgepunktetes Wunder" erleben kann. . .!
   Eine lange Hose und eine Windjacke mit langem Arm verhindern oft schon Schlimmeres.
▶ Kopfbedeckung (gegen Sonnenstich);
▶ Sonnen- oder Polaroidbrille.

Vor dem Hakenlösen sollte jeder frisch gefangene Piranha
durch kräftige Schläge auf den Kopf gründlich betäubt und danach mit dem Messer durch Kopf- oder Herzstich vollständig
abgetötet werden. Das Lösen des Hakens beim noch lebenden,
wildschlagenden und vor allem um sich schnappenden Tier ist
mit beträchtlichen Gefahren verbunden:

Die Kiefer sind mit rasiermesserscharfen, dreieckigen Zähnen bewehrt (Farbfoto 18, 19), die überaus kräftige Kiefermuskulatur erlaubt blitzschnelles Zuschnappen. Piranhas können
damit nicht nur unvorsichtige Finger und Zehen kappen, sondern dem Angler vor allem auch tiefe, stark blutende Fleischwunden zufügen.

Sehr wichtig ist ferner die Tatsache, daß selbst frisch abgetötete Tiere nervenbedingt noch gefährlich „zuschnappen" können!

Reisen in Tropengebiete bergen stets gewisse Gesundheitsrisiken, die man jedoch durch Schutzimpfung verringern sollte.
Folgende Impfungen sollten Südamerikareisende außer der ohnehin notwendigen Malaria-Prophylaxe durch Tabletten (z. B.
Fansidar, Resochin) noch vor Reiseantritt vornehmen lassen:

▶ Gelbfieber-Schutzimpfung (Injektion)
▶ Hepathitis-Schutzimpfung (Injektion gegen Leberentzündungen)

▶ Typhus- und Paratyphus-Schutzimpfungen (TAB oral)
▶ Gegebenenfalls Impfungen gegen Pocken und Tetanus
  (Wundstarrkrampf) auffrischen lassen!

Eine Pockenschutzimpfung ist zur Einreise nach Venezuela beispielsweise nicht erforderlich, sofern der Reisende nicht aus Äthiopien, Kenia oder Somalia kommt. Eine Impfung gegen Cholera wird nur bei Reisen von/über Infektionsgebiete zwingend vorgeschrieben.

Der gültige Reisepaß wird in ganz Südamerika als Ausweispapier anerkannt. Ein Visum muß bei den jeweiligen Botschaften beantragt werden. Bei Einreise nach Venezuela sind Bundesdeutsche vom Visazwang befreit und können sich stattdessen bei einigen Fluggesellschaften eine für 45 Tage gültige Touristenkarte (Tarjeta de Ingreso) ausstellen lassen. Aber auf Grund von selbstgemachten schlechten Erfahrungen mit „diffusen Fluggesellschaftspraktiken" empfehle ich bei einer beabsichtigten Venezuela-Reise an der Botschaft ein Visum zu beantragen.

Abb. 23   Piranhas als „Mörderfische" abzustempeln ist mit Sicherheit ebenso falsch,
wie ihre Gefährlichkeit völlig zu verharmlosen. Der Wahrheitsgehalt vieler Piranha-
Horrormärchen wird allerdings bei der Betrachtung des obigen, in einem dänischen
Schauaquarium aufgenommenen Fotos, fraglich. (Orginal-Unterzeile: Säuberung der
Scheibe eines Piranha-Beckens).

Zusammenfassung

Piranhas kommen hauptsächlich in den Weißwasserflüssen Südamerikas vor. Um 1533 wurden sie von europäischen Konquistadoren im Amazonasgebiet entdeckt. Lange vorher waren die Piranhas schon den südamerikanischen Indios in diesen Gebieten bekannt und nahmen in manchen Kulturen auf verschiedene Weise ihren Platz ein.

Ihre Körperform ist gedrungen, zusammengedrückt und deutet damit auf ihren Hauptlebensraum, langsamfließende und stehende Gewässer, hin. Piranhas besitzen eine beeindruckend scharfe und kräftige Bezahnung. Sie haben ein im Süßwasser einzigartiges Freßverhalten, das nur mit dem der Haie identisch ist (Futterbrocken werden abgetrennt und deshalb selbst größere Beute furchtlos angegriffen).

Die Gefährlichkeit der Piranhas für den Menschen wird jedoch oft übertrieben. Zumindest in Venezuela schwankt sie deutlich in enger Abhängigkeit vom Jahresgang des Tropenklimas. In der Trockenzeit verkleinern sich durch Verdunstung die Lebensräume, vergrößert sich dann die Aggressivität der Fische wegen großer Nahrungsknappheit. In der Regenzeit verwandeln sich kleine Flüsse in weite Überschwemmungslandschaften. Nun baden die Menschen in den vorher noch ängstlich gemiedenen Gewässern. Bestimmte Faktoren wie etwa der Brutpflegeinstinkt während der Laichzeit, Wasserverunreinigung durch blutige Abfälle, Spritzen und Zappeln verwundeter Kreaturen etc. erhöhen mit großer Sicherheit das Risiko eines Piranha-Angriffs. Aber trotzdem lassen sich keine allgemeingültigen Regeln aufstellen. So gelten manchmal bestimmte Flußabschnitte als gefährdet, während einige Stromkilometer weiter keinerlei Angriffe erfolgen. Gesund und unverletzt werden sowohl Tiere als auch Menschen nur selten angegriffen!

Durch Fressen von kranken, schwachen und toten Tieren übernehmen Piranhas in den südamerikanischen Tropengewässern eine überaus wichtige ökologische Funktion. Vor allem nach Überschwemmungskatastrophen könnten sich sonst ungehemmt verheerende Seuchen ausbreiten. Gegen Pilzerkrankungen scheinen Piranhas weitgehend resistent zu sein, was ebenfalls auf ihre Funktion als „Gesundheitspolizei" hinweist. Auch starke Sauerstoffknappheit überstehen sie durch häufiges Luftschnappen an der Wasseroberfläche deutlich besser als viele andere Fische.

Ihre Haltung ist problemlos. In zu kleinen Becken reagieren Piranhas jedoch immer schreckhaft-nervös. Als Kanibalen fallen sie über schwächere, kranke oder verletzte Artgenossen her. Kleinere Bißverletzungen regenerieren dagegen überraschend schnell.

Die Zucht von Piranhas ist unter anderem durch Erhöhung der Becken-Wassertemperatur auf ca. + 30° C möglich. Äußere Geschlechtsunterschiede sind nicht sichtbar. Als einzige Salmler betreiben Piranhas echte Brutpflege! Sie bewachen ihre Laichgrube und verteidigen anfangs ihre schnellwüchsige Brut[1].

Die wissenschaftliche Erfassung und Klassifizierung der verschiedenen Arten steckt weitgehend „in den Kinderschuhen".

Der Fang von Piranhas ist sehr einfach. Wegen ihres Proteingehaltes, ihrer Häufigkeit und nicht zuletzt auch wegen der Schmackhaftigkeit ihres Fleisches kommt ihnen in Südamerika sogar stellenweise eine wirtschaftliche Bedeutung zu.

---

1 3,5 cm lange Piranhas des Verfassers wuchsen in 4 Monaten zu fast 10 cm langen Exemplaren heran!

Benutzte Literatur

APPUN, C.-F., 1871: Unter den Tropen — Wanderungen durch Venezuela und am Amazonasstrome (1849—1868), 2 Bd., Jena

BATES, M., 1976: Südamerika — Flora und Fauna, Time Life International (Nederland), S. 181

BREHM, A. E., 1968: Brehm's Tierreich, Köln, S. 180

CABRERA, J. I., 1979: La Piranha — el pez mas voraz tambien sirve de Alimento del hombre, Zschr. Geo Mundo, Editorial America S.A., Carracas

COOPER, A., 1972: Los peces, Editorial Bruguera S.A., Verona, S. 62—63

COTLOW, L., 1966: Wilde Paradiese, München und Eßlingen, S. 149, 204—205

DORFLEIN, F., 1914: Tierbau und Tierleben, 2. Bd., Leipzig, Berlin, S. 148—149

DORST, J., 1968: Südamerika und Mittelamerika, München, Zürich, 300 S.

DRÖSCHER, V. B., 1979: Überlebensformel, Düsseldorf und Wien, S. 95—96

FABER, G., 1970: Brasilien, Weltmacht von morgen, Tübingen und Basel, S. 282—284

FOX, R. M., o. J.: Attack prefer. of the Red-bellied Piranha

GEDASCHKE, H., o. J.: Erstmalig gelungene Aufzucht von Piranhas, Zschr. DATZ 12, S. 357—359

— 1969: Gelungene Piranha-Zucht (Serrasalmo rhombeus L.) im Duisburger Tierpark, Zschr. Zoologische Beiträge, Bd. 15, 2/3, Berlin, S. 475—480

GERLACH, R., 1950: Die Fische, Hamburg, S. 365—369

GERY, J., 1970: Salmler, Zitter- und Messeraale, in Grzimek's Tierleben, IV, Fische 1, S. 287—319

— 1971: Systematische Neuordnung der Salmler, Zschr. TI, 5. Jahrg., **13**, S. 4—5

– 1972: Poissons characoides des Guyanes. Zschr. Zoologische Verhandelingen, No. **122**, Leiden, S. 208–250

GRZIMEK, B., 1970: Grzimek's Tierleben – Ergänzungsband Ökologie

HERALD, S./VOGT, D., 1961: Knauers Tierreich in Farben, Fische, München und Zürich

HOFFMANN, W., 1952: Brasilien – ein tropisches Großreich, S. 458–461

HONEGGER, R. E., 1971: Die Zucht von Serrasalmus nattereri (KNER), Zschr. Aqua Terra, 8. Jahrg., S. 29–32

HOPP, W., 1954: Amazonien – Atlantis der Zukunft, S. 116–118

HUMBOLDT, A. v., 1964: Vom Orinoko zum Amazonas, Reise in die Äquinoktial-Gegenden des neuen Kontinents (Neuaufl.), Wiesbaden, 420 S.

JES, H., 1973: Natürliche Nachzucht vom Piraya (Serrasalmu nattereri), Zschr. TI, 7. Jahrg., **23**, S. 23–24

KOSMOS, (Herausg.) Gesellschaft der Naturfreunde Stuttgart, 1928: Kosmos Handweiser für Naturfreunde, 25. Jahrg., Stuttgart, S. 288-289

LÖHNDORFF, E. F., 1933: Im brasilianischen Sertao, Das neue Universum, Bd. 52, S. 323-351

LÜDEMANN, D., 1955: Das Tierreich, VII/2, Fische, Berlin, S. 1–60

LÜLING, K. H., o. J.: Südamerikanische Fische und ihr Lebensraum, Wuppertal-Elberfeld

MAGO-LECCIA, F., o. J.: La Ictiofauna del Casiquiare, Zschr. Defensa de la Naturaleza, Caracas, Venezuela, Ano I, No. **4**, S. 5–10

– 1978: Los peces de aqua dulce de Venezuela, Carracas, 35 S.

MAYLAND, H. J., 1976: Auf den Spuren Humboldts – Eine Reise ins Orinocogebiet, Zschr. Aquarien Magazin, Heft **10**, S. 432–439

MOSER, C. A., 1974: Zu Mittag gab's Piranhas – Auf Angelfahrt im Amazonas-Dschungel, Zschr. Blinker, **1**, S. 36–41

MYERS, G. S., 1972: The piranha-book, Tropical Fish Hobbyist Magazine, Neptune, New-Jersey (USA)

NEFF, E., 1976: Das Gesicht der Erde, Zürich, Frankfurt/Main, 907 S.

NIEDERGANG, M., 1963: Brasilien, Bern

NIKOLSKI, G. W., 1944: Spezielle Fischkunde, S. 241–242

NOVA PART, (Herausg.) 1977: Fische und Aquarium, Heft 1, München, S. 27

– 1977: Fische und Aquarium, Heft 6, München, S. 177–179

PAYSAN, K., 1976: Welcher Zierfisch ist das?, 4. Aufl., Stuttgart, 243 S.

OMMANNEY, F. D., 1969: Die Fische, Time Life, S. 19, 36

PETERS, Ch., 1978: Piraya (Pygocentrus piraya), Blisdorp Geluiden (Zschr. d. Zoo Rotterdam), 26. Jahrg., No. 8, S. 2–3

RASMUS, F., 1976: So entstand die Greuelmär vom freßgierigsten Fisch der Welt, Zschr. Blinker, Nr. 5, S. 37–39

SCHMIDT, M., o. J.: Indianerstudien in Zentralbrasilien – Ergebnisse einer Reise in den Jahren 1900–1901

STEUBEN, K. Sch./KREFFT, G., 1978: Die Haie der sieben Meere, 1. Aufl., Hamburg, Berlin, 158 S.

STERBA, G., 1970: Süßwasserfische aus aller Welt, 2. Aufl., Vol. 1

STREET, Ph., 1971: Die Waffen der Tiere, Tübingen und Stuttgart, S. 22–24

STUIJVENBERG, W. v., 1973: Wunder der Raubtiere, Bremen, S. 144–147

STUPPI, M., 1979: Piranha – ein Mörderfisch?, Zschr. DATZ, 32. Jahrg., 6, S. 190–191

VARESCHI, V., 1963: Die Gabelteilung des Orinoko, Sonderabdruck aus Petermanns Geograph. Mitteilungen, 4. Quartalsheft

– 1971: Geschichtslose Ufer – Auf den Spuren Humboldts am Orinoko, München, 199 S.

WALLRAFF, G., 1977: Der Aufmacher, Köln, S. 149–154

WUSTMANN, E., 1960: Yahua, die Blasrohrindianer, Reutlin-
gen, S. 74
ZAHL, P. A., o. J.: Seeking the truth about the feared Piranha,
Zschr. Nat. Geogr. 138, **5,** S. 715−732

Register